外貨を稼ぎ循環をおこす

111万人の経済浮揚 ここが勘どころ

緒方 哲 著
Satoshi Ogata

鉱脈社

はじめに

　我が国の社会経済が構造転換に直面する現在、全国各地で地域活性化の取り組みが行われています。それはまた国の施策の大きなテーマとなっています。

　地域活性化は多面的な要素をもっていますが、その柱となるのは、それぞれの地域に生きる人びとの暮らしを成り立たせることであり、そのための産業振興政策ということになります。

　近年の財政状況の厳しさを考えますと、かつての政策をそのまま実行するだけでは充分ではないと考えられます。各地域(本書の場合では宮崎県)の経済構造をよく分析・理解し、的を絞った産業政策を講ずる必要性がますます高まっています。

　本県の経済構造の分析のツールとしては、「宮崎県産業連関表」(5年に1回発行)及び「宮崎県県民経済計算」(毎年度発行)があります。これらは、現状の構造を包括的に示してはいますが、これらの報告書に記載されている数字が何を意味しているのか、いささか分かりづらく、産業政策に即活用できるとはいい難い面があります。

　筆者は、平成23年4月に宮崎県県民政策部次長を命ぜられ、長年、問題意識として抱いていた本県の経済構造の分析とそれに基づく産業政策の勘どころについて一年間、仲間と共に学び研究し、一定の整理を行いました。

　本書は、その研究にもとづき、筆者のその後の見聞も入れてまとめたものです。

　第1章では、本県経済の全体像を理解するため、総供給額から県民所得に至る過程や総需要額とその構成要素について、第2章では、第1章で整理した現状から得られる本県経済の構造的特徴と政策の勘どころについて、また、第3章では、政策形成の心構えとして後輩の皆さんに引き継ぎ

たいいくつかの点について記しました。さらに附章として、具体的な施策の方向について思いつくままに提案をまとめました。今後の政策立案のなにがしかの参考となればと思っております。

　平成26年5月、日本創成会議は大変ショッキングなデータを公表しました。それによると、約25年後の2040年までに若年女性（20～39歳）が50％以上減少する市町村は、県内26市町村のうち15市町村にのぼり、これらの市町村は、いくら出生率が上がっても若年女性の流出によるマイナス効果がそれを上回るため人口減少が止まらず、将来的には消滅する可能性があるというのです。

　これを受けて地元新聞では、「人口そのものを意識した取組がこれまでにも増して必要」とし、「今から地域のかたちを残すためのしかけづくり」を「想像力を膨らませて」考えるべきだと警鐘を鳴らしています（平成26年5月18日　宮崎日日新聞「日曜論説」）。

　「地域のかたち」を残すための基本戦略は、若い世代が本県に居住できるような魅力のある雇用の場をどう創出し続けていけるかだと私は考えます。すなわち、宮崎県の経済をどう活性化させ、どのようにして魅力ある雇用の場を創出していくかです。しかしながら、過去の経済対策等によって、地方債残高は膨らんでいます。財政に余裕はありません。行政の打つ手は限られています。今まで以上に、限られた財源でより効果的な政策を考えることが重要になってきています。

　この意味で、本県の経済構造をよく分析し、しっかりと理解することは、政策づくりに携わる県庁マンや市町村職員はもとよりですが、行政と一体となって政策の実行に当たる各種の団体職員、そして、中小企業家や農林漁業者など産業活動の現場で中核となって活躍されておられる県民の皆様にとって極めて意味あることであり、県民が一体となって取り組むために欠かせないことと考えています。

　本書は、その問題意識のもとに、前述のように本県の経済構造をつか

み、政策の勘どころを筆者なりにまとめたものですが、ここでそのポイントを要約してまとめておきますと、

①生産への波及効果が高い"外貨獲得"（移輸出）に強力なテコ入れを行って需要を拡大させ、

②その需要の拡大が原動力となって生産を活発化させ、産業の全体における生産波及効果の県内歩留まり率を高めることで県内総生産を増やし、そこから県民の所得増につなげ、

③さらには、所得の県外流出を防ぐとともに県外からの流入を図り、

④最終的には、県民一人当たりの所得の増加を図る。そして家計の消費や企業の設備投資を促していき、そのことがさらなる需要拡大につながっていく。

―― という経済サイクルを実現していくということです。

このような経済の好循環サイクルをしっかりとイメージした上で、「この循環サイクルを加速化させる方法はないか」。また、「この循環サイクルを阻害するものはないか」。あるいは、「この循環サイクルの中で目詰まりを起こしているところはないか」。などの視点を持って、経済活動の現場をしっかりと見つめ政策形成に当たるとともに、県民の皆様もこうした経済サイクルの好循環化に向けてそれぞれの立場から貢献いただくことがますます必要になってくるものと考えております。

なお、既に、平成22年度、23年度の県民経済計算が公表され、21年度分のデータも修正※されていますが、本表の基礎データはあくまで平成24年3月発表の「平成21年度宮崎県県民経済計算」及び平成22年3月発表の「平成17年宮崎県産業連関表結果報告書」をもとに作成していることをお断りするとともに、本書での分析・政策等についてはあくまでも筆者個人の考えであることを申し添えます。

　　　［注］毎年発表される県民経済計算は、5年に一度などの周期調査の結果が反映されるため、10年間にさかのぼって修正されます。

平成26年秋　　　　　　　　　　　　　　　　　　　　　　　　緒方　哲

目　次

はじめに ………………………………………………………………… 1

第1章　なぜ宮崎県は一人当たり県民所得が低いのか
　　　　——宮崎県の経済課題を相互連関図で理解する

はじめに ……………………………………………………………… 10

1. 相互関連図で宮崎県経済を構造として見る ……………………… 12

2. 相互関連図で宮崎県の経済力を知る ……………………………… 14
　(1) 宮崎県の経済規模は8兆192億円で全国比0.86%　14
　(2) 県内産出額は全国の0.70%　15
　(3) 付加価値（県内総生産）は経済規模の43.3%　17
　(4) 全国比では一次産業のウエイトが高い産業構造　18
　(5) 県民所得は2兆3,403億円で一人当たりは206万8千円の全国45位　20
　(6) 県民の消費は全体の四分の一　23
　(7) 県際収支はマイナス5,750億円　24

3. まとめ ……………………………………………………………… 27

第2章　"外貨"を稼ぎ、地域循環を活発にする
　　　　——経済構造を変えていく産業政策の勘どころ

はじめに ……………………………………………………………… 30

1. 「外貨」を稼ぐ——需要の構造を変える・その1—— ……………… 31
　(1) 他県より意外と低い「移輸出」　31
　(2) 生産誘発効果が高い「移輸出」　33

- (3) "外貨"獲得に人的ネットワークを　34
- (4) 食品製造業の秘めた力の発揮を　35
- (5) 農業と食品製造業との結びつきを　38
- (6) 県際収支の赤字幅を圧縮する　41
- (7) シニア市場開拓や女性の力の活用を　42

2. 地域経済循環システムを構築する ── 需要の構造を変える・その2 ── 44
- (1) 国と自治体できめ細かな需要拡大策を　44
- (2) 雇用の場を確保し、地域経済の循環をつくり出す　45
- (3) 地域経済循環とは　46
- (4) 地域経済循環システムを考える三つの視点　47
- (5) TPPへの視点　49

3. 幅広い意味での地産地消を推進する ── 供給の構造を変える・その1 ── 50
- (1) 宮崎県経済には大きい移輸入2兆円　50
- (2) 農産物の加工について ── 意外と多い県外産の農産物原料　51
- (3) 課題の多い本県農産物利用　52
- (4) 県産品への「置き換え」推進を　54

4. 保有資産の有効活用を ── 供給の構造を変える・その2 ── 55
- (1) 社会資本の活用は十分ですか　55
- (2) 県内回遊客の増加を　56
- (3) 細かい見直しを息長く　57

5. 農林水産業をさらに伸ばす ── 生産構造を変える・その1 ── 59
- (1) 得意分野に育ててきた50年の軌跡　59
- (2) 農業6次産業化の表と裏　64
- (3) オンリーワンの県土づくりを視野に　65

6. 製造業間の連携を ── 生産構造を変える・その2 ── 67
- (1) 「県内の歩留まり率」を高める　67
- (2) 集積が薄く加工連鎖の弱い産業群　69

7. 本社機能の集積を ── 分配の構造を変える・その1 ── 72
　(1) 企業の財産所得の流出を防ぐ　73
　(2) 本社機能の意義と東京一極集中の弊害　74
　(3) 本社機能の充実と一部移転を　77
　(4) 中小企業の集積と新規開業の促進　78
　(5) 州都誘致と御所造営を　81

8. 労働分配率を高める ── 分配の構造を変える・その2 ── 83
　(1) 全国で低位の労働分配率と最低賃金　83
　(2) 長年の課題克服へ　84
　(3) 「従業員満足度」向上と「賢い消費」の促進　85

9. 地域ブランドを形成し、「みやざき」を発信していく
　　── 宮崎のプレゼンスを高めていく ── 87
　(1) イメージカラーを創る　88
　(2) 農業を牽引車として、地域全体の価値づくりを行う　89
　(3) 小藩分立意識からの脱却を図る　89
　(4) 世界中にネットワークを広げる(世界地図に宮崎を記す)　90

第3章　県民一丸となって、地域の価値をつくり、循環を高めよう
── 政策形成の心構え

　はじめに 92

1. ふるさとへのたゆみない愛情をもって、地域の価値を創る 93
　(1) 地域の成り立ちを知る　93
　(2) ふるさとへのたゆみない愛情をもって　94
　(3) 現場に通い現場で検証する　95

2. 組織の知恵を高めよう ……………………………………………… 96
- (1) 基本技術の徹底　96
- (2) 現場に出向く　97
- (3) つながりの意識を持つ　97
- (4) フローとストックで考える　98
- (5) 視野を広くもつ　98
- (6) ちょっとちがうを大切にする　99
- (7) 歴史、他事例に学ぶ　103
- (8) 情報の共有　103

3. 中小企業の皆様への期待 ……………………………………… 104

附章　こんなこともできるのではないですか ── 106
- 1　移輸出を増やす　106
- 2　地域経済循環システムを構築する　107
- 3　比較優位な農林水産業を伸ばす　111
- 4　製造業間の連携を強め、歩留まり率を上げる　112
- 5　本社機能の集積を目指す　112
- 6　労働分配率を高める　113
- 7　総合的な宮崎ブランドの構築　113
- 8　その他　116

あとがき ……………………………………………………… 119

【主な参考文献】123

第 1 章

なぜ宮崎県は
一人当たり県民所得が低いのか

宮崎県の経済課題を相互連関図で理解する

はじめに

　この章では、本県が全国の下位に甘んずる結果となっている「一人あたりの県民所得」と、その前提となっている「県民所得」について考えていきます。県民所得がどのように導かれるのか。その流れと考え方を理解しあいたいと思います。

　宮崎県の経済を論ずるとき、「県内総生産額は３兆4,700億円。県民一人あたりの県民所得は、206万８千円で、全国45位」などの見出しでマスコミに報道されますが、本当にこのような理解だけでよいのでしょうか。

　確かに、最終的な数字の行き着く先は、一人あたりの県民所得で比較をするのが合理的かもしれません。しかし、この数字はあくまでも結果であって、この数字にとらわれていたのでは、県民所得を上げるための具体的で有効な施策はなかなか浮かんでこないのではないでしょうか。

　ここで、一人当たり県民所得について、若干の留意点を付記しておきたいと思います。と言いますのも、県民所得は、県民雇用者報酬、財産所得、企業所得からなり、一人当たり県民所得はこの全体を、15歳未満人口や非労働力人口を含む人口全体で除して求めるため、実際に働いている人々の所得（給与）の水準を表すものではないということです。ただ、設備投資の原資となったり内部留保される企業所得を含むため、当該都道府県全体の経済力を示す指標として従来から利用され、各県の経済力を比較する重要な指標として活用されてきました。平成21年度の宮崎県の一人当たり県民所得は、206万８千円で、全国45位となっています。

　より実態に近い指標として一人当たりの県民雇用者報酬がありますが、これは、労働を提供した雇用者への分配額である県民雇用者報酬を雇用者数で除して求められるものですが、本県のそれは359万１千円で、全国46位となっています。

いずれにしても、県民経済を分析することで県民所得は導かれますが、それを政策に生かすためには、県民所得を導き出すベースである総供給がどうなっているのか、それと見合いの総需要がどうなっているのか、さらには需要や供給、分配の各構成要素の特徴などを理解し、そこを分析のスタートとし、一人当たりの県民所得を得るにいたるまでの経済（お金）の流れの構図をつかんでいくことで、より効果的な政策提言ができるのではないでしょうか。

　このことはまた、講じた施策が本県経済にどのようなインパクトを与えるのか、施策のベクトルとして間違っていないのか、効果を点検するモノサシが施策の中に組み込まれているのか等々、政策を評価をする際にも有効でもあります。以上のような問題意識のもとにこの分析は始まっていることを示しています。

　岡山大学の中村良平教授も「地域振興策の検討に当たっては、政策の有効性を判断するために、地域経済の循環構造、つまり地域内外での人・物・金の流れを把握する必要がある。そのためには、産業別の域外収支を推計し、地域経済への波及効果の大きさを産業別に把握することが有効である」と述べられています（平成16年7月22日付日本経済新聞「経済教室」）。全く同感です。

　ただ、ここでお断りをしておきますと、政策の有効性を高めるためには、各指標の経年的変化、さらには近隣県や人口の類似県との比較など様々な手法を駆使しながらより詳細な分析を行うべきですが、活用できる資料に限りがあり、今回は断念せざるを得ない部分もありました。それでも可能な限り分析に努めたつもりです。不足する部分については、今後の分析に期待したいと思っています。とともに、諸資料の活用がより開かれたものなるように願ってもいるところです。

1. 相互関連図で宮崎県経済を構造として見る

　宮崎県の平成21年度における財貨・サービスの全体像は、「宮崎県県民経済計算」によると、次ページの図1の「県民経済の相互連関図」に示すとおりです。

　県民経済は様々な経済行為が相互に関連して形成されています。この相互に連関している経済行為を構造としてつかむのが相互連関図です。そのために需要（支出）にかかわる経済行為、供給（生産）にかかわる経済行為を分析し、県民所得を理解するにはとくに供給にかかわって付加価値を生み出す構造を理解することからスタートします。

　分析にあたっては、まず、総需要は総供給に等しいという前提からスタートする必要があります。需要があればそれに見合う供給が生まれ、供給が生まれれば、それに見合う需要を生み出す必要があるからです。

　その上で、需要（支出）の内訳〔図1のAの過程〕をみることで民間最終消費支出までの金の流れを、供給（生産）の内訳〔同じくBの過程〕をみることで県内総生産（付加価値額）までの金の流れを、それぞれに把握していきます。そして、供給生産はさらに付加価値の分配〔同Cの過程〕に展開されることで、宮崎県内の産業の構造と特色がわかり、県民所得と一人当たりの県民所得の特徴などが導き出されます。

　次節からその内容を詳しくみていきますが、以下、用語の定義等については、前述の「宮崎県県民経済計算」及び「宮崎県産業連関表結果報告書」によっています。読者には、なじみの薄い用語もありますが、重要なものについてはその都度、注意書き等で説明を加えていきたいと思います。

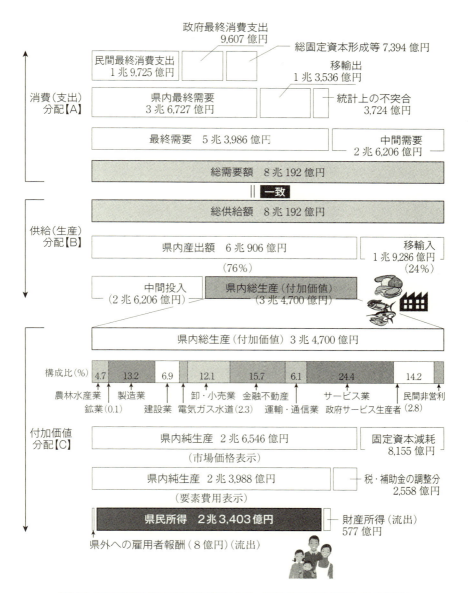

[図1] 県民経済計算の相互連関図による、宮崎県経済の構造とその経済力
(「平成21年度宮崎県県民経済計算」に基づき筆者作成)

※概念図のため、金額と図形とは必ずしも一致しない。以下、同じ。

2. 相互関連図で宮崎県の経済力を知る

(1) 宮崎県の経済規模は8兆192億円で全国比0.86％

　県民経済の分析にあたっては、総需要は総供給に等しいということからスタートするということは前節で述べましたが、「平成21年度宮崎県県民経済計算」によると、宮崎県内で平成21年度に生み出された財貨・サービスのトータルである総需要は、8兆192億円となっており、この総需要を満たすだけの総供給8兆192億円が、県内および県外を通じてなされていることになります。

　財貨・サービスのトータルである総需要額＝総供給額8兆192億円を、仮に本県の経済規模と呼ぶとしますと、この経済規模はどのような位置をしめているのでしょうか。それを隣県である熊本県および鹿児島県、ならびに国の経済規模と比較したのが**図表1**です。

　日本全体の経済規模は934.1兆円です。熊本県は12兆4,371億円、鹿児島県は11兆9,833億円となっており、国に占める割合は、それぞれ1.33％、1.28％となっています。これに対し、宮崎県の8兆192億円は0.86％です。

　また、**図表1**では各県人口の国における割合も表示しています。熊本県が1.43％、鹿児島県が1.34％となっています。宮崎県は0.89％です。南九州の三県の経済規模の国に占める割合は人口のそれとほぼ同じ、もしくはやや下回っているということが分かります。

　ここで注意を喚起しておきたいのは、次項から詳しく説明しますが、全国に占める南九州三県のそれぞれの経済規模の割合はそれぞれ人口規模の割合にほぼ匹敵するのに対して、産出額や県内総生産（付加価値額）の段階では南九州3県ともそのウエイトを下げています。このことは、宮崎県

[図表１] 南九州３県の経済規模と人口の全国に占める割合

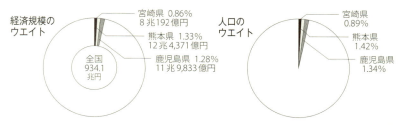

区　　分	宮崎県	熊本県	鹿児島県	全　　国
経済規模 A	80,192億円	124,371億円	119,833億円	934.1兆円
Aのウエイト	0.86%	1.33%	1.28%	100.0%
人口のウエイト	0.89%	1.42%	1.34%	100.0%

[注] 人口のウエイトは、各県の平成21年10月1日現在の人口に全国の人口を除して求めた。
（各県及び総務省資料に基づき筆者作成）

ばかりでなく、地方が抱える課題のひとつといえます。

(2) 県内産出額は全国の0.70%

次に、総供給の内容（移輸入、中間投入、産業別生産）を見ます。

総供給は、県内で調達できるものと、県外からの「移入」、または、海外からの「輸入」により調達されるものとがありますが、本県の場合、総供給額8兆192億円は、県内で調達した額である県内産出額が6兆906億円（76%）、県外または海外からの調達額である移輸入額が、約1兆9,286億円（24%）となっています。

なお、「調達」されるとは、「1年間に生産されたすべての財貨・サービス」、すなわち「産出額」をいい、生産者の事業所での市場価格で表したものです。ここでは、仕掛品や自家消費も含まれます。

また、「移輸入額」とは、県民が他県や外国から購入する食料品や家電製品、自動車などの金額だけでなく、県民が他県や外国に旅行して支払うホテル代やタクシー代、食事や土産品の購入代金なども含まれます。

[図表2]
南九州3県の県内産出額と
全国に占める割合

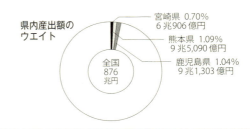

区　　　分	宮 崎 県	熊 本 県	鹿児島県	全　　国
県 内 産 出 額A	6兆906億円	9兆5,090億円	9兆1,303億円	876兆円
Aの全国に占める割合	0.70%	1.09%	1.04%	100.0%
経済規模のウエイト	0.86%	1.33%	1.28%	100.0%

（各県資料に基づき筆者作成）

経済規模比を下回る産出額の全国比

　ここで県内産出額の全国に占める割合をみてみましょう。**図表2**にみるように、全国の産出額は876兆円、宮崎の6兆906億円は全国比0.70%です。

　宮崎県の経済を表現するとき、よく「1％経済」と言われてきましたが、ここまでに見たように、経済規模では0.86%とすでに1％を割り込み、さらに産出額では0.70%と、1％からかなり乖離しています。ここに、最初の問題が隠れていることが見えてきます。

　同様に、南九州の他の二県もウエイトを下げています。熊本県は全国比1.09%、鹿児島県は1.04%です。三県とも経済規模に比較して産出額の全国に占めるウエイトがかなり低下しています。

　産出額は、経済規模である総供給額から「移輸入」を控除して求めるので産出額の比率が低下しているということは、逆を言えば、「移輸入」のウエイトが高いことを意味しています。各地方経済は、国家間の経済交流と異なって「国境」というものがなく、比較的自由に財貨・サービスが移動すること、また、特に完成品を生産する産業の集積の少ない地域（宮崎県もその一つ）においては、どうしても「外からの移輸入」に頼らざるを得ないのです。このことは、南九州三県だけでなく、地方が抱える課題の一つといえます。

(3) 付加価値 (県内総生産) は経済規模の43.3％

　次に、宮崎県においてどれくらい付加価値が生まれているか、即ち県内総生産 (GDP) を求めます。

　県内産出額は、原材料等の中間財の価額が含まれたままですので、県内総生産 (GDP) を導き出すためには、中間投入と県内で新たに生まれた付加価値とに区分し、県内産出額から中間投入を差し引く必要があります。差し引いた残りである付加価値の部分が県内総生産と呼ばれるものです。

　なお、中間投入とは、生産の過程で、原材料、光熱燃料費などとして消費された非耐久財、サービス、固定資産の維持補修、研究開発調査費などをいいます。

　図１の連関図では、中間投入額が２兆6,206億円、県内総生産額 (付加価値額) が３兆4,700億円となっています。すなわち、宮崎県内で生み出した付加価値は総供給額 (８兆192億円) の43.3％ということになります。

　南九州三県および全国について、県内（国内）総生産額の経済規模に対する割合、および三県の県内総生産額の全国比をみたのが、次ページの図表３です。

　これをみると、経済規模に対する総生産のウエイトは、全国では49.5％となっているのに対して、本県を含め南九州三県は、42〜43％程度とかなりそのウエイトを下げています。このことは、経済規模に比較して付加価値の歩留まりが低いことを意味しており、前項で見た県内産出額の低下と合わせて地方が抱える課題といえるでしょう。

　ところで、南九州３県の県内総生産額を全国比でみるとき、宮崎県は0.75％、熊本県は1.16％、鹿児島県は1.11％となっています。これは経済規模の全国比よりは下回っていますが、各県内産出額の全国比よりは上回っています。

[図表３] 南九州３県における経済規模に対する県内総生産（付加価値）の割合

区　　分	宮崎県	熊本県	鹿児島県	全　国
県内総生産A	3兆4,700億円	5兆3,661億円	5兆1,332億円	462兆4,000億円
経済規模B	8兆192億円	12兆4,371億円	11兆9,833億円	934兆1,000億円
A/B	43.3%	43.1%	42.8%	49.5%
Aの全国に占める割合	0.75%	1.16%	1.11%	100.0%
経済規模のウエイト	0.86%	1.33%	1.28%	100.0%

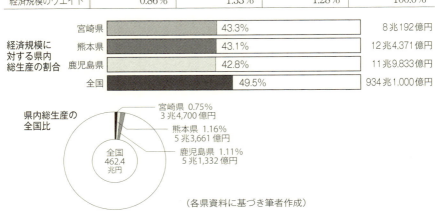

（各県資料に基づき筆者作成）

(4) 全国比では一次産業のウエイトが高い産業構造

　それではこの県内総生産（付加価値）は、どのように生み出されているのでしょうか。図１のＣの部分（付加価値分配）をみていきます。

　図表４は、県内総生産（付加価値）を産業別にみた生産額と構成比を表わしています。図１にも示していますが、さらに詳しくみて、円グラフにしたものです。

　これでみると、宮崎県では付加価値生産額は、サービス業が政府サービス生産額を含めると38.6％とかなり高く、卸売小売業、不動産業などを含めた三次産業の比率は77.6％とずば抜けて高く、ついで製造業・建設業などの第二次産業が20.2％、農林水産業の第一次産業が4.7％と意外に低くなっています。

[図表4] 宮崎県の産業別付加価値生産額

	区　分	生産額(百万円)	構成比(%)
第1次産業	農 林 水 産 業	161,837	4.7
第2次産業	鉱　　　　業	2,785	0.1
	製　　造　　業	458,435	13.2
	建　　設　　業	238,469	6.9
第3次産業	電気ガス水道業	78,373	2.3
	卸 売 小 売 業	418,161	12.1
	金 融・保 険 業	135,106	3.9
	不　動　産　業	408,258	11.8
	運 輸 通 信 業	211,169	6.1
	サ ー ビ ス 業	846,887	24.4
	政府サービス生産者	493,049	14.2
	民 間 非 営 利	96,934	2.8
	県 内 総 生 産	3,470,016	100.0

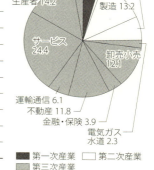

※帰属利子、輸入品に課される税・関税、総資本形成にかかる消費税が加算控除されるため、構成比の合計は一致しない

(「平成21年度宮崎県県民経済計算」より)

　ただし、全国との比較でみてみますと、宮崎県の産業構造の特徴がみえてきます。
　特化係数という指標があります。これは県内総生産の産業別構成比を国内総生産の産業別構成比で除したもので、1.0に近いほど全国の産業構成割合に近いことを示し、1.0を超える、もしくは下回ることによって、全国に比べてその産業に特化している、もしくは弱いと言えます。すなわち、その地域の産業構成の、全国に比べての特徴が見れるわけです。
　この特化係数によってみると、本県では、**図表5**のとおり、農業で3.3、林業で4.4、水産業で2.9、一次産業全体では3.3となっています。これに対し、二次産業は0.8と全国に比べて低くなっています。二次産業の中でも、一次金属や一般機械、輸送機械などが特に低くなっています。つまり、本県は全国に比べて一次産業の構成が極めて高く、二次産業の構成が低くなっています。なお、三次産業は1.0と全国並みです。

[図表５] 宮崎県の特化係数(平成21年度)

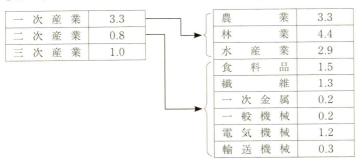

(「平成21年度宮崎県県民経済計算」より)

※主な業種を掲げた

(5) 県民所得は２兆3,403億円で一人当たりは206万８千円の全国45位

　次に、県内総生産から県民所得に至る過程についてみます。「はじめに」でもふれた県民一人当りの県民所得はどのように導かれるのかということです。

　図１の関連する部分を再掲しました(次ページ図１-１)。それに沿ってみていきます。前項までで、県内総生産（付加価値）３兆4,700億円まで導かれてきました。ここから、

①まず、県内総生産から固定資本減耗を差し引いて、県内純生産(市場価格表示)２兆6,546億円を導き出します。

　ここで、市場価格とは、市場で取引される価格で、生産販売購入または使用に対して課せられる税（生産・輸入品に課される税）が含まれています。

②次に、県内純生産から生産・輸入に課される税を差し引き、補助金を加えて、県内純生産(要素費用表示)２兆3,988億円を導き出します。

　なお、生産・輸入に課される税は、消費税、関税、酒税等の国内消費税、不動産取得税、事業税、固定資産税、自動車税など生産コストの一部を構成するものと見なされるものであり、県内純生産からは、差し引

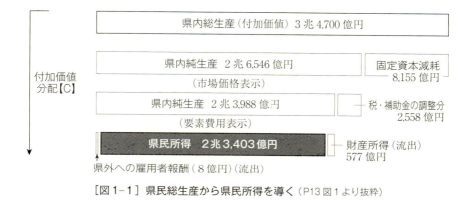

[図1-1] 県民総生産から県民所得を導く（P13図1より抜粋）

かれます。また、補助金は、産業振興、あるいは製品の市場価格を低下させる等の政策目的によって、政府から産業に対して支払われる経常的交付金であり、市場価格を低下させる効果があるため、県内純生産に加算されます。

③こうして導かれた県内純生産（要素費用表示）は、いわば、属地主義的な概念であり、県民所得を導き出すためには、県内純生産（要素費用表示）に県民や県内企業が県外等から受け取る財産所得を加え、県外の企業等に支払う財産所得を差し引く必要があります。

　財産所得は、金銭、有価証券、土地、建物などの資産を所有・運用することから生じる配当や利子、地代等ですが、本県では、企業部門の財産所得の流出が大きく、財産所得全体では、577億円の支払い超過（流出）となっています。

　なお、ここで「属人」「属地」という用語が出てきましたが、県内総生産は、宮崎県という「土地」に着目し、県外の人や企業が宮崎県内において生産したものを含める属地主義的な概念であるのに対し、県民所得は、宮崎県民という「人」に着目し、宮崎県に居住する宮崎県民が他県で就労し稼いできた所得を含む属人主義的な概念です。

④さらに、県外に居住する雇用者への報酬の支払い（流出）が8億円あり、これを差し引きます。

[図表6] 一人当たり県民所得

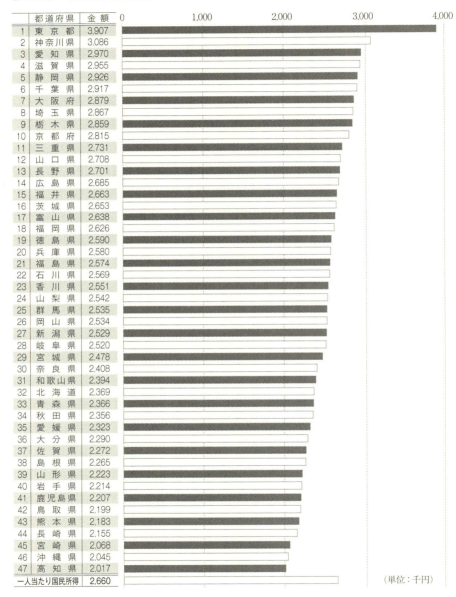

	都道府県	金額
1	東京都	3,907
2	神奈川県	3,086
3	愛知県	2,970
4	滋賀県	2,955
5	静岡県	2,926
6	千葉県	2,917
7	大阪府	2,879
8	埼玉県	2,867
9	栃木県	2,859
10	京都府	2,815
11	三重県	2,731
12	山口県	2,708
13	長野県	2,701
14	広島県	2,685
15	福井県	2,663
16	茨城県	2,653
17	富山県	2,638
18	福岡県	2,626
19	徳島県	2,590
20	兵庫県	2,580
21	福島県	2,574
22	石川県	2,569
23	香川県	2,551
24	山梨県	2,542
25	群馬県	2,535
26	岡山県	2,534
27	新潟県	2,529
28	岐阜県	2,520
29	宮城県	2,478
30	奈良県	2,408
31	和歌山県	2,394
32	北海道	2,369
33	青森県	2,366
34	秋田県	2,356
35	愛媛県	2,323
36	大分県	2,290
37	佐賀県	2,272
38	島根県	2,265
39	山形県	2,223
40	岩手県	2,214
41	鹿児島県	2,207
42	鳥取県	2,199
43	熊本県	2,183
44	長崎県	2,155
45	宮崎県	2,068
46	沖縄県	2,045
47	高知県	2,017
一人当たり国民所得		2,660

(単位:千円)

(平成21年 内閣府「県民経済計算」より)

最終的には、県民所得としては2兆3,403億円となります。

対象となっている平成21年度の県人口は113万1,527人で、一人当たり県民所得は206万8千円となります。これが本章の「はじめに」で言及した「全国45位」といわれる額です。

ちなみに、全国の一人当たりの県民所得を図表6に示しました。確かに全国47都道府県中、下から3番目です。一人当たり国民所得比77.7％で、59.2万円も低くなっています。

(6) 県民の消費は全体の四分の一

次に、需要面をみますと、総需要8兆192億円は、最終需要の5兆3,986億円と中間需要の2兆6,206億円とに分けられます。

最終需要5兆3,986億円は、統計上の不突合を除いて、県内最終需要3兆6,727億円と、県外に販売した商品等と県外居住者の県内における消費支出である移輸出1兆3,536億円とに分けられます。

県内最終需要は、さらに民間最終消費支出1兆9,725億円と政府最終消費支出9,607億円、総固定資本形成等7,394億円から構成されます。

民間最終消費支出1兆9,725億円のうち家計最終消費は1兆9,083億円となっており、総需要8兆192億円の23.8％とおよそ四分の一を占めています。その内訳は、図表7のとおりとなっており、住居に対する支出が22.1％と最も高く、次いで、食料の18.8％、交通・通信の13.9％、教養娯

[図表7] 民間最終消費支出のうち、家計最終消費の内訳（上位5項目）

家計消費支出	住居	食料	交通・通信	教養娯楽	保健医療
19,083（億円）	4,210	3,584	2,658	2,181	1,360
100.0（％）	22.1	18.8	13.9	11.4	7.1

（「平成21年度宮崎県県民経済計算」より）

楽の11.4％などとなっています。

(7) 県際収支はマイナス5,750億円

　最後に、県際収支についてみてみます。県際収支は、需要面での移輸出額と供給面での移輸入額との差額を言います。この県際収支は、各県においては、概してマイナスとなっていますが、第２章で述べるように富山県や石川県のようにプラスの県もあり、政策立案の上での大きな鍵となる指標です。

　宮崎県の場合、平成21年度は需要面での移輸出額１兆3,536億円と供給面での移輸入額１兆9,286億円との差額5,750億円のマイナスとなっています。なお、近年の本県における県際収支は、**図表８**のように、おおむね6,000億円前後のマイナスで推移しています。

　平成21年度のその内訳を見ると、**図表９**にあるように、農林水産業が1,099億円のプラスとなっている一方、製造業や卸小売業、サービス業などにおいては、財貨・サービスの多くを移輸入に頼っており、マイナスとなっています。

　農林水産業は、本県においては、青果物や畜産物、水産物等を大都市圏等に供する我が国の食糧供給基地として重要な地位を確立しており、このことは、県際収支のデータからも裏付けられるものであり、前にも見たように、本県経済の大きな特徴となっています。

　一方、製造業においては、マイナス4,150億円と特にマイナス幅が大きくなっています。この内容をみると、製造業においては、原材料の大部分を県外から移輸入していることが推測できます。このことは、ひいては、付加価値の県外流出をもたらし、経済波及効果において高い可能性を秘めている製造業がその力を十分には発揮していないという現状を示しています。

　このように、県際収支の動向は、次章で見る自給率や県内歩留まり率等の指標と相まって、生産波及効果を考える重要な指標となるので注視して

[図表8] 宮崎県の県際収支の推移

	平成10年	平成15年	平成20年	平成21年
移 輸 出	1兆4,005億円	1兆4,001億円	1兆3,846億円	1兆3,536億円
移 輸 入	2兆797億円	1兆9,789億円	1兆9,951億円	1兆9,286億円
県 際 収 支	△6,792億円	△5,788億円	△6,105億円	△5,750億円

(「平成21年度宮崎県県民経済計算」より)

[図表9] 宮崎県の県際収支の内訳

産業（主なもの）	県際収支
農林水産業	109,913
製造業	△414,984
卸売小売業	△138,503
サービス業	△67,237
その他	△64,205
県 全 体	△575,016

(単位：百万円)

(「平成21年度宮崎県県民経済計算」及び
「平成17年宮崎県産業連関表結果報告書」
からの推計)

いく必要があります。

　なお、原材料の移輸入については、若干の補足説明が必要です。産業連関表では、県内生産額や移輸入額が、県内需要額のうち中間需要にいくら、最終需要にいくら賄われたかという内訳を示すデータはありません。しかし、平成17年宮崎県産業連関表結果報告書の14部門表の生産者価格評

[図表10] 製造業における県内生産額、移輸入額と県内需要額、移輸出額との関係

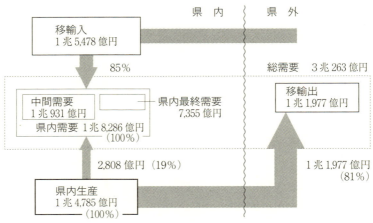

(「平成17年宮崎県産業連関表結果報告書」に基づき筆者作成)

価表によれば、製造業においては、県内生産額1兆4,785億円のうち移輸出に賄われるのが1兆1,977億円、県内需要に賄われるのは2,808億円となっており、その大部分(81%)は、移輸出に賄われています。このことは、県内需要額1兆8,286億円の大部分、すなわち県内生産額の県内需要に賄われる2,808億円を除く1兆5,478億円(85%)は移輸入によって賄われていること、したがって県内需要のうちの中間需要1兆931億円も大部分は移輸入によって賄われていることになります(図表10参照)。

3. まとめ

　以上が、県民経済の相互連関図でみた宮崎県の財貨・サービスの規模とその全体像です。
　その全体像の特徴をもう一度整理すると次のようになります。
　1点目は、本県の経済規模は、8兆192億円であり、全国比0.86％となっていること。
　2点目は、そのうちの県内産出額は、6兆906億円であり、全国比0.70％とウエイトが低くなっており、移輸入の割合が相対的に高いことを表していること。
　3点目は、産出額から中間投入を控除した付加価値額（県内総生産）は、3兆4,700億円で、経済規模の43.3％となっているが、国の49.5％と比較するとかなり低くなっていること。
　4点目は、産業別の生産額をみると、本県は、第1次産業の占めるウエイトが全国に比較して極めて高く、本県産業構造の大きな特徴となっていること。
　5点目は、県際収支は、概ね6,000億円前後のマイナスで推移している。業種別では、農林水産業においてはプラスであり、製造業、卸小売業、サービス業などにおいてマイナスであり、特に製造業においてマイナス幅が大きいこと。
　政策立案に携わる人たちはもちろん、本県の産業振興を担い携わる人たちは、この全体像をしっかりと記憶に刷り込んで、本県の経済構造の特徴（長所と足りないところ）を常に意識しておく必要があると考えております。

第 2 章

"外貨"を稼ぎ、
地域循環を活発にする

経済構造を変えていく産業政策の勘どころ

はじめに

　限られた財源のもと、より効果のある政策を展開していくためには、本県の経済構造をよく知って、近隣県や人口類似県の情報を収集・比較検討を行い、さらには経年変化によるすう勢を分析するなどにより、より効果的な対策を検討しなければなりません。

　現実の経済はさまざまの要因が複雑にからみあって展開しています。以下では、第1章で分析した「宮崎県経済の構造」に基づいて、図1の「県民経済の相互連関図」を分解しながら、「需要面」「供給面」「分配面」の三つの領域から、政策の勘どころを探っていきます。

　なお、以下の検討にあたっては、近隣県、人口類似県との比較も視野に入れて考えていきます。近隣県としては、第1章でもとりあげた熊本県と鹿児島県、人口類似県としては、[A] 人口が類似していて経済規模も同じ県として秋田県と山形県、[B] 人口は類似していて経済規模が上位にある県として富山県と石川県、以上六県をとりあげていきます。

1. 「外貨」を稼ぐ ── 需要の構造を変える・その1 ──

　そこでまず、需要面から考えていきたいと思います。政策の第一番目は、生産誘発係数の最も高い、「移輸出」を増やすことです。

(1) 他県より意外と低い「移輸出」

　「総需要」から「中間需要」を差し引いた「最終需要」は、図1-2にあるように、統計上の不突合を除けば、「移輸出」、「民間最終消費支出」、「政府最終支出」、「総固定資本形成等」に区分されることは第1章に述べました。

　宮崎県の「最終需要」は5兆3,986億円で、そのうち「移輸出」は1兆3,536億円で、最終需要に占める移輸出のウエイトは25.1％となっています。

　これを近隣県、人口類似県と比較してみると、次ページの図表11のとおりです。本県は、他県と比べて、「移輸出」のウエイトが意外と低くなっています。

　熊本県や鹿児島県との比較では、本県は最も低く、金額で見ても1兆円

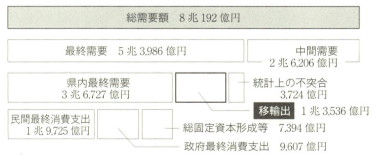

[図1-2] 総需要とその構成項目（P13 図1より抜粋）

[図表11] 各県の最終需要に占める移輸出のウエイト

	最終需要額A	移輸出額B	B/A%	最終需要に占める移輸出のウエイト	
熊 本 県	82,943	22,576	27.2	27.2%	82,943
鹿児島県	79,862	22,975	28.8	28.8%	79,862
秋 田 県	58,579	15,405	26.3	26.3%	58,579
山 形 県	66,861	24,596	36.8	36.8%	66,861
富 山 県	68,655	28,439	41.4	41.4%	68,655
石 川 県	70,176	29,773	42.4	42.4%	70,176
宮 崎 県	53,986	13,536	25.1	25.1%	53,986

(単位：億円) (各県資料により筆者作成)

近い開きがあります。また、人口類似県との比較でも大きな開きがあります。とくに山形県とは10ポイント以上、金額にして1兆円以上の、そして富山県、石川県とは金額にして二倍以上と、大きな開きとなっています。

このことは残念ながら、地の利・不利といってはすまされない、本県が努力している以上に他県は努力しているということを意味しているのではないでしょうか。

この「移輸出」は県外の需要をとり込む、いわば"外貨"を稼ぐということで、宮崎県はより一層の外貨獲得策に取り組む必要があります。

本県はこれまで、トップセールスと称して、首都圏、近畿圏、北九州圏などを中心に積極的に農林水産物を売り込んできました。その結果、一例を挙げますと、本県の冬春野菜のキュウリやピーマンは、東京中央卸売市場や大阪市中央卸売市場において取扱量の3分の1の位置を占めるまでになってきました。

このことについては、先人の努力を大いに評価すべきですが、しかし最終需要全体で見ると、「移輸出」は、金額ベースでは、次ページの**図表12**のとおり、近年はやや減少しつつあるとさえいえるのです。また、最終需要額そのものが減少している中で、最終需要額に占めるウエイトをみると、平成19年度の26.7％から減少に転じています。

[図表12] 宮崎県の「移輸出」の推移

年　度	平成10年	平成15年	平成19年	平成20年	平成21年
移輸出額 A	14,005	14,001	15,181	13,846	13,536
Aの前年度比	△1.0	△0.3	+6.2	△8.8	△2.2
最終需要 B	57,535	55,929	56,821	55,159	53,986
A/B	24.3	25.0	26.7	25.1	25.1

(単位：億円、％)　　　　　　　　　　　　　（「平成21年度宮崎県県民経済計算」より筆者作成）

(2) 生産誘発効果が高い「移輸出」

　全ての生産活動は、最終需要を満たすために行われています。つまりは、全ての生産活動は、最終需要によって誘発されるといえます。本県においては、平成17年の産業連関表に基づけば、県内生産額6兆5,764億円は、最終需要5兆8,406億円によって誘発されたと考えることができます。

　なぜ「移輸出」に注目するかということですが、**図表13**をみてください。最終需要項目別に生産誘発額をみると、「移輸出」による誘発額が最も大きく、「消費」や「投資」に比べて生産誘発効果が高いことがわかります。

[図表13] 最終需要の主な構成項目の内容と生産誘発額および係数　(単位：百万円)

区　分	生産誘発額	生産誘発依存度	生産誘発係数
民間消費支出	1,973,462	30.0%	0.932
一般政府消費支出	1,241,611	18.9%	1.255
県内総固定資本形成	879,744	13.4%	0.939
移　輸　出	2,308,088	35.1%	**1.417**
最終需要計	6,576,356	100.0%	1.126

（「平成17年宮崎県産業連関表結果報告書」より）

生産誘発係数とは、ある最終部門で1単位の最終需要があった場合、どの産業に県内生産額がどれくらい増えるかを表すものです。**図表13**では、「移輸出」が1兆円あった場合、産業全体で1兆4,170億円の生産が誘発されることを表しています。また、民間消費支出など1を下回っているのは、誘発効果の県外流出が大きいことを表わしています。

　移輸出の生産誘発係数が高いということは、移輸出を増やしたときの県内生産の伸びが大きいということであり、その部門が拡大する素地を持つということです。県内需要は工場誘致などで中間需要を増やすか、人口や所得の増加で最終需要を増やすことによって伸ばすしかありませんが、移輸出は県外、国外生産者との競争により大きく増やすことができます。

　したがって、最終需要項目の中では、この「移輸出」を積極的に後押ししていく政策、いわゆる「外貨を稼ぐ」政策が、まずは重要となってきます。

(3) "外貨"獲得に人的ネットワークを

　外貨獲得をめざすには、人口減少による需要の縮小圧力や他県との熾烈な競争など、厳しい環境下にあります。その達成は並みの努力ではできません。

　最終需要額に占める移輸出額のウエイトを、仮に熊本県並みに2ポイント挙げるとすると、移輸出額を約1,000億円増やさなければなりません。1,000億円という数字は、農業産出額の三分の一に匹敵し、また、工業出荷額では、繊維（611億円）と木材（368億円）の合計額に匹敵します。いかに、大変な数字であるかがお解りいただけるのではないでしょうか。

　ここで注目したいのは、「移輸出」は、単に、農林水産物や加工品・製品を県外・国外に移出・輸出するだけではなく、県外居住者が県内で消費するホテル代・食事代・タクシー代・土産品代などを含んでいるということです。すなわち、県産品を県外（国内）・国外に「売りこむ」政策と、県内で消費してもらうよう県外（国内）・国外から人を「呼び込む」政策を同時に実行していくことが重要となります。

このような県民経済計算における「移輸出」の意義を県民一人ひとりがしっかりと理解するとともに、外貨獲得対策について産業界を挙げて積極的に取り組む必要があると考えます。

外貨獲得の主たるターゲットとすべきは、圏域の人口規模約4,200万人、圏域の県内総生産額約200兆円を有する首都圏です。しかし、無計画に取り組んでも広大な砂漠に水をまくようなものです。政策の効果はたちまち消えてしまいます。しっかりとした戦略をもって取り組む必要があります。その鍵となるのが、圏域の県人会や市町村人会、各高等学校や大学の同窓会、本県出身の企業家団体などです。これらとのネットワークを強くし、このネットワークを通じいかに宮崎ファンを広げていくかが大きなポイントになると考えます。

中部東海地域、近畿地域、北部九州地域など他の大都市圏域においても同様に、人的ネットワークの強化によって、本県を売り込むことが外貨獲得の有効な手段と言えるでしょう。

(4) 食品製造業の秘めた力の発揮を

生産誘発依存度は、最終需要項目別生産誘発額の構成比であり、各産業の生産がどの最終需要項目によってどれだけ誘発されたかを表します。また、生産誘発額は、ある産業に生じた最終需要を賄うために、各産業で直接間接に必要となる生産額をいい、これを最終需要項目別に見たものが最終需要項目別生産誘発額です。

一方、「移輸出」の生産誘発依存度の推移をみると、次ページの**図表14**にあるように、平成7年が36.3％、平成12年が36.0％、平成17年が35.1％と年々ウエイトが低下し、生産誘発額を見ても平成12年はいったん増加したものの、平成17年は減少に転じています。最終需要における「移輸出」の重要性を考えたとき、今後の数値の動向を注視していく必要があります。

この「移輸出」における業種別の生産誘発係数の内訳をみると、**図表15**にあるように、もっとも高いものが、飲食料品、次いで、電子部品、

[図表14]「移輸出」の生産誘発係数、依存度、誘発額の推移

	平成7年	平成12年	平成17年
生産誘発係数	1.453	1.387	1.417
生産誘発依存度	36.3%	36.0%	35.1%
生産誘発額	2兆2,562億円	2兆3,957億円	2兆3,081億円

(「平成17年度宮崎県産業連関表」より)

[図表15] 移輸出の生産誘発係数の主な内訳

項目	生産誘発係数	項目ごとの割合
飲食料品	0.2305	16.3
電子部品	0.1290	9.1
化学製品	0.0974	6.9
運輸	0.0969	6.8
畜産	0.0952	6.7
農業(耕種)	0.0820	5.8
その他	0.6857	48.4
計	1.4167	100.0%

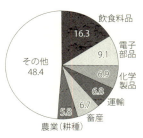

(「平成17年宮崎県産業連関結果報告書」から抜粋)

化学製品、運輸、畜産などの順となっています。

　図表15は、図表13の「移輸出」の生産誘発係数1.417を産業別にみたものです。「移輸出」が1兆円あった場合、飲食料品で2,305億円、電子部品で1,290億円、化学製品で974億円、運輸で969億円、畜産で952億円、農業（耕種）で820億円、産業全体では1兆4,167億円の生産が誘発されることを表しています。

　したがって、政策の方向性としては、こうした生産誘発係数の高い業種において、積極的に県外等に需要開拓を図っていくことが望まれます。特に、本県の食品製造業は、後述するように、他県に比較して持っている可能性を十分に発揮しているとは言い難い状況にあります。

　今後は、焼酎はもとより、畜産加工やカット野菜、カットフルーツ、冷凍野菜、茶飲料、高齢者向けのソフト食、ペットフードなど成長が見込まれている分野において、需要動向をよく把握し、需要に即した新商品開発を進め、国内市場はもとより海外市場への展開を積極的に図っていく必要

[図表16] 各産業の逆行列係数と産出額（上位10業種）

業　　種	逆行列係数	産出額（億円）	
鉱業	1.768	85	
飲食料品	1.626	3,848	
事務用品	1.555		※1
パルプ・紙・木製品	1.548	492	
石油・石炭製品	1.522	53	
運輸	1.487	3,477	※2
畜産	1.483		
窯業・土石製品	1.436	293	
その他の公共サービス	1.424		
電子部品	1.404		

※1　空欄となっている産業は、産出額が示されていない
※2　運輸業の産出額には、通信業が含まれている

[図表17] 各産業の逆行列係数と産出額（下位5業種）

業種	逆行列係数	産出額（億円）
精密機械	1.233	318
金属製品	1.229	298
不動産	1.179	4,483
非鉄金属	1.178	
輸送機械	1.176	563

（逆行列係数は「平成17年宮崎県産業連関表」、産出額は「平成21年度宮崎県県民経済計算」より）

があります。

　また、ある産業がその生産物を1単位生産した場合に、それが各産業に対して直接・間接にどれくらいの生産波及効果を及ぼすかを示す逆行列係数を平成17年の産業連関表によってみますと、**図表16**、**図表17**のとおりです。

　さらに、「飲食料品製造業」の各産業へ及ぼす波及効果を逆行列係数によって上位5業種についてみると次ページの**図表18**のとおりです。これによれば、例えば、飲食料品製造業が1億円の生産物を生産する場合、それによって、飲食料品自身に最終的に1億489万円、畜産に2,435万円、農業に774万円、商業に710万円、運輸に596万円、産業全体では、1億6,260万円の生産が誘発されることになります。

　以上のことから、生産誘発効果が高く、産出額のボリュームもある程度

[図表18] 飲食料品製造業の逆行列係数（上位5業種）

業　　種	逆行列係数
飲 食 料 品	1.049
畜　　産	0.244
農　　業	0.077
商　　業	0.071
運　　輸	0.060
そ の 他	0.125
合　　計	1.626

（「平成17年度宮崎県産業連関表」より）

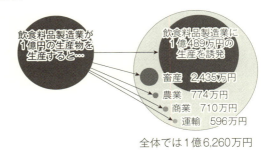

[図表19] 焼酎及び食料品製造業（上位5種）の出荷額（平成21年）

業　種　名	産出額（億円）
焼　　酎	905
その他の畜産食料品製造業	776
部分肉・冷凍肉製造業	659
惣菜製造業	139
処理牛乳・乳飲料製造業	128
野菜漬物製造業	122
その他	754
食料品製造業の計	2,578

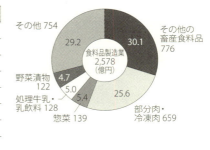

（「宮崎県工業統計調査」より）（「焼酎」は平成23年11月宮崎県議会特別委員会資料より）

　大きく県経済へのインパクトがある「飲食料品製造業」において、外貨獲得策を積極的に講じていくべきであることがわかります。
　また、図表19のとおり、飲食料品製造業の中でも出荷額のウエイトが高い焼酎、その他の畜産食料品製造業、部分肉・冷凍肉製造業、惣菜製造業、処理牛乳・乳飲料製造業、野菜漬物製造業等を県外に売り込んでいくことがより多くの経済波及効果をもたらすと考えられます。

(5) 農業と食品製造業との結びつきを

　さらに、農業産出額と工業出荷額のうち農業との関連性の深い食料品製

[図表20] 九州各県の農業産出額と食料品製造業の出荷額

(単位：億円)

県　名	農業産出額A	食料品製造業の出荷額B	B/A (%)
福 岡 県	2,098	8,837	421
佐 賀 県	1,274	2,940	231
長 崎 県	1,376	2,212	161
熊 本 県	3,004	3,060	102
大 分 県	1,313	1,337	102
鹿児島県	4,005	6,070	152
宮 崎 県	3,073	2,578	84

(「平成23年11月宮崎県議会特別委員会資料」より)

[図表21] 食料品製造業等出荷額の南九州3県比較（本県を100とした場合）

(単位：億円、%)

	宮　崎　県		鹿児島県		熊　本　県	
	金　額	比　率	金　額	比　率	金　額	比　率
畜 産 加 工	1,602	100	3,166	197.6	1,028	64.2
水 産 加 工	74	100	772	1043.2	360	486.5
青 果 加 工	189	100	183	96.8	74	39.2
パ ン 菓 子	85	100	385	452.9	593	697.6
惣 菜 弁 当	195	100	282	144.6	215	110.3
清 涼 飲 料	210	100	43	20.5	119	56.7
酒	922	100	1,364	149.9	317	34.4
製　　　茶	25	100	373	1492.0	27	108.0
飼　　　料	266	100	2,055	772.6	141	53.0
そ の 他	232	100	1,013	436.6	723	311.6
合　　　計	3,800	100	9,636	253.6	3,597	94.7

(「平成23年11月宮崎県議会特別委員会資料」を一部加工)

造業出荷額の関係を見ると**図表20**のとおりです。本県は九州の他県に比較して農業と食料品製造業との結びつきが弱い状況にあることがわかります。

また、南九州三県での食料品製造業の内容を比較すると、**図表21**のとおり、鹿児島県と熊本県両県に対して優位な業種は、青果加工と清涼飲料ですが、鹿児島県との比較では、畜産加工、水産加工、パン菓子、酒、製茶、飼料等において、大きく水をあけられています。また、熊本県との比較では、水産加工、パン菓子において、大きな差があることがわかります。

[図表22] 食用農水産物の生産から飲食料の最終消費に至る流れ

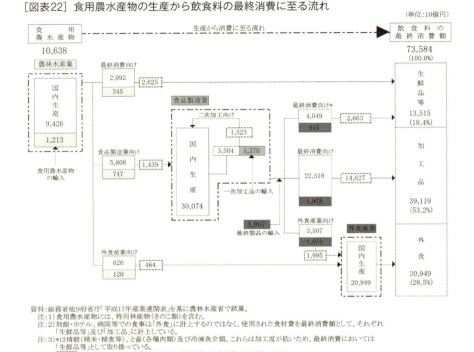

(2005年 農林水産省資料より)

　ちなみに、全国の状況を見ると、図表22にあるとおり、輸入を含む農林水産業産出額約10兆円が、生鮮品として直接消費される場合や中食、外食、保存食として加工される場合などを含めると飲食料の最終消費額は約73兆円規模へと拡大しています。

　これらのことから本県においては、農業をはじめとする一次産業部門とその関連の第二次産業である食料品製造業等との結びつきについて、新商品開発、マーケティングの強化などこれまでにない取り組みを強めていく必要があります。

　ここで、(公財)宮崎県産業振興機構が運営するフードビジネス相談ステーションでの取り組みについて、紹介しておきたいと思います。

このステーションは、同機構が国と県の財政支援を受けて、平成25年11月に、宮崎駅前ビルKITENの３階に開設しました。複数（平成26年11月時点で7名）のコーディネーター等を配置し、農業関係者や中小企業者の皆様などから寄せられる新商品開発やデザイン開発、販路拡大策など多様な相談に対応しています。オープン以来、１カ月当たり平均で約80件の相談に対応しています。一つの相談内容に対して、長時間を要したり、一回の相談にとどまらず複数回の相談に及んだりと、県民からの期待の大きさが感じられるところです。今後は、このステーションから少しでも多くの成功事例が生まれ、農林水産業と食品製造業との結びつきがさらに強化され、産業全体の活性化につながることが望まれます。

(6) 県際収支の赤字幅を圧縮する

「移輸出」と「移輸入」の差である「県際収支」は、例年6,000億円前後の「移輸入超過」（支払い超過）であり、これを産業別に見ると、農林水産業が外貨獲得に大きく貢献する一方、特に製造業において大きくマイナスであることについては前述のとおりです。

「得意なところを伸ばし、足りないところを補う」、つまり「強みを生かし、弱みを克服する」という政策形成の基本的視点から見れば、農林水産業をさらに伸ばすとともに、製造業の落ち込み幅を食い止める必要があります。

特に、農産物では、１～３月期における全国の収穫量に占める本県のシェアは、平成19年のデータで見ると、ピーマンが35％、キュウリが17％と、いわゆるクリティカルマス（一般に市場占有率16％をいう）を超えています。今後とも、青果物として確実に売れるものは確実に売っていき、このシェアをしっかりと確保するとともに、他産地の動向も注視しながら、さらなるシェアの拡大をめざすべきと考えます。

なお、農林水産物の加工品を伸ばす場合重要なことは、生食用として売れない、人気のない青果物を加工品として売ることはかなり困難なこと、

[図表23] 各県の県際収支（平成21年度）
（単位：億円）

県　名	移輸出額A	移輸入額	県際収支
熊　本　県	22,576	29,281	△6,705
鹿児島県	22,975	28,530	△5,555
秋　田　県	15,405	21,606	△6,201
山　形　県	24,596	29,952	△5,355
富　山　県	28,439	27,689	750
石　川　県	29,773	27,676	2,098
宮　崎　県	13,536	19,286	△5,750

（各県資料より筆者作成）

逆を言えば、生食として顧客に愛されているクオリティの高いものを加工品として提供することがブランド化への道であるという意見があります（三浦義明 三浦学園社長）。

　また、図表23にあるように、熊本県、鹿児島県も同様に「県際収支」は、5,000億円〜6,000億円の支払い超過ですが、富山県や石川県は、受け取り超過となっています。これは、富山、石川両県においては、製造業の集積が本県をはじめとする南九州三県よりも高いためと考えられます。製造業についての取り組みは、後述します。

(7) シニア市場開拓や女性の力の活用を

　民間研究所の調査では、図表24にあるように、シニア層をターゲットにした市場は、1980年の11兆円から、2010年には87兆円と急速に拡大し、2025年には138兆円とさらに拡大していくことが見込まれています。

　高齢化社会における新商品開発に当たっては、今後とも確実に増加する高齢者向けの商品開発、例えば、ソフトな加工食品や介護機器の開発、サービス開発など増大するシニア市場を顧客目標にした対策が求められます。

　あわせて、太陽の恵み、山・海・川などの豊かな自然、史跡・神社仏閣・景勝地などの観光地と地域に存在する豊富な農林水産物の発掘と磨き

[図表24] シニア市場の動向

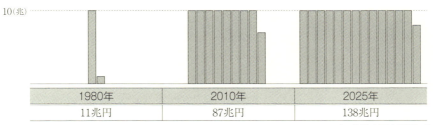

（三菱総合研究所調べ）

[図表25] 女性社長数の状況（平成25年度）

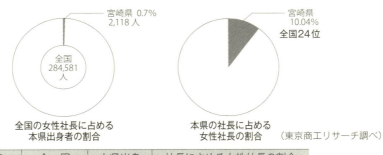

年度	全国	本県出身	社長に占める女性社長の割合	
平成25年度	284,581人	2,118人	（本県）10.04%（全国24位）	（東京商工リサーチ調べ）

上げ、すなわち、これら豊かな地域資源を経済的価値をもった経済資源へと転換させていき、知識欲や活動欲に満ちたアクティブシニア層の誘客を図るなど積極的な取り組みを行っていく必要があります。

また、本県においては、地域の女性加工グループによる商品開発が活発に行われています。**図表25**にあるように、全国の社長に占める女性社長の割合は全国24位と健闘しており、本県女性は、仕事をする上で、積極性があり、進取の精神に富む気質が窺えるところです。

今後、女性の社会参加はさらに進むと考えられます。それに伴い多様なニーズが生まれてくると考えられます。女性の持っているきめ細やかな感性を生かした新商品開発、新たなニーズの掘り起こし、販路開拓を進めていく必要があります。

2. 地域経済循環システムを構築する
─── 需要の構造を変える・その2 ───

　政策の第二番目としては、最終需要の「移輸出」以外の項目についての検討となります。その項目としては下図のとおりです。しかし、経済対策等による需要喚起策の効果がなかなか地方経済に実感として及んでこない現在のような経済構造のもとでは、「地域経済循環システムの構築」という新たなベクトルを考慮にいれる必要があります。

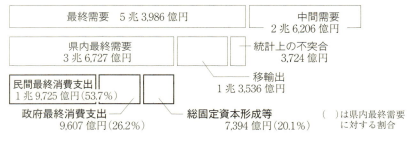

[図1-3] 需要の内訳（P13図1より抜粋）

(1) 国と自治体できめ細かな需要拡大策を

　最終需要の「移輸出」以外の需要項目としては、図1-3にみるように、「民間最終消費支出」、「政府最終消費支出」、「総固定資本形成」の項目があります。その中でも、図表13で見たように、生産誘発係数が「移輸出」に次いで高い「政府消費支出」（公共事業等における消費支出＝公共事業の中に含まれる一般管理費から支出される物件費など＝を含む）を伸ばすことが効果的ですが、近年の財政状況から見ると、県や市町村単独で需要拡大策に取り組むことは、財政上非常に困難であり、まずは国において、し

っかりと対策を講じるべきです。

　「政府消費支出」や「公的固定資本形成」（総固定資本形成の構成費のひとつ）を伸ばす場合に、重要なことは、国土の隅々まで効果が及ぶようなきめ細かな需要拡大策を講ずることであり、このためには、地方の実情を最もよく把握している地方自治体が、「事後保全から予防保全へ」の考え方に沿って地方単独事業を効果的に行えるよう必要な財源保障を行うとともに、国庫事業とのベストミックスを考慮しながら効果的な経済対策を講ずることが必要です。

　すなわち、道路、トンネル、橋、建物などの社会資本については、老朽化に伴って今後、維持補修から更新に多額の財政負担が予想されることから、従来の「対症療法型の管理」から「予防保全型の管理」への転換をすすめ、利用者の安全を確保するとともに、それぞれの社会資本の長寿命化による総体的な経費削減、必要予算の平準化を行っていくことが大切になっています。

　また、社会インフラの遅れた本県にとっては、九州中央自動車道などの高速道路や港湾、漁港の整備、さらには、生産力アップのための圃場整備、畑地かんがい整備など将来の発展基盤となり得る分野において「県内総固定資本形成」を行うべきですが、国直轄事業のような大型工事であっても、ＪＶ（ジョイント・ベンチャー：合弁事業）を積極的に進めるなど地域に広く効果が及ぶような工夫を国等に働きかけていくことが必要です。

(2) 雇用の場を確保し、地域経済の循環をつくり出す

　次に、「民間最終消費支出」については、少子・高齢化の進展、さらには全国的な消費意欲の低下のもとにあって、その需要喚起は、一筋縄ではいきません。「民間消費支出」の生産誘発係数は**図表13**で見たとおり、0.932と１を切っており、生産誘発効果が県外に流出している状況にあります。このため、まずは、消費支出の前提となる雇用の場をしっかりと確保し、後述するように労働分配率を高め、いわゆる中間層に支えられた安

定した社会づくりを行うとともに、記紀編さん記念事業等により、県内観光や広い意味の地産地消を進めるなど、地域経済の循環を促していくべきです。

人口減少に伴う消費支出の縮小圧力は高まっています。民間最終消費支出1兆9,725億円を本県人口113万1,527人で除した一人当たりの消費支出額は、約174万円となります。近年の本県の人口は、毎年4,000〜5,000人の規模で減少しており、5,000人が減少すると仮定すると単純計算で年約87億円の需要が喪失することになります。これに税収減や地方債残高の累増に伴う財政支出の硬直化などを考えると新たな需要開拓は容易なことではありません。

また、需要拡大の起爆剤として期待される農林水産業の輸出も緒に就いたばかりであり、全国ベースで見ても農産物の産出額約8兆円のうち、輸出額はわずか5,000億円程度にしかすぎません。しかも、マンゴーなどの高級品は、相手国の経済事情によって需要が変動するなど見通しが不透明な部分が多いのが現状です。

このような現状をふまえて近年重要視されてきているのが、県域内での生産と消費の円滑な循環を図って経済活動を活性化する「地域経済循環システム」の考えです。

(3) 地域経済循環とは

地域経済循環とは、4兆8,000億円に及ぶとされる本県の金融資産（預貯金残高）を念頭に置きながら、県内の優れた資源に着目し、それを県民一人ひとりが積極的に活用することで県内需要を喚起し、価値や資金が県域内を循環する流れを強化して、県内での生産と消費の円滑な循環を図る経済活動の仕組みづくりを行っていこうとするものです。言い換えれば、県内に存在する多様な地域資源を、経済的価値に変えていくために、様々な手法を駆使していく活動・努力が必要となるということです。

例えば、県民による本県産農産物や加工品の消費拡大、県産材の利用、

県内観光の促進、公共事業や民間の設備投資における県産資材の利用促進などを進め、「県内消費の増→企業活動の拡大→企業収益の増→雇用の増→県内消費の増」という経済の好循環を構築しようとするものです。

　なお、このことは、これまで述べてきた「外貨獲得策」と決して相反するものではなく、むしろ、相互に補完するものであることを付け加えておきたいと思います。例えば、焼酎の生産量は、県内の消費量約２万キロリットルをはるかに上回る12～13万キロリットルであり、焼酎の生産拡大を進めていくためには、県外での消費拡大をさらに進めていくことが重要です。その意味では、「外貨獲得策」が今後の焼酎業界の命運を左右すると考えられますが、一方で、焼酎原料であるかんしょや米は、その多くが県外から調達されており、これらを県内産に置き換えることができれば、それだけ一層、本県経済の拡大に寄与することとなります。

(4) 地域経済循環システムを考える三つの視点

　本県には豊かな農林水産物、歴史、文化的遺産（神話、神楽、古墳、史跡）、祭り、温かみのある県民性、温暖な気候、豊富な雨量・日照時間・快晴日数、さらには国立公園や国定公園など、全国的に見ても誇りうる資源が多数存在しています。

　しかしながら、こうした資源を十分に活用しきっていないが故に、県内所得は全国の下位に甘んじており、将来の県土づくりを担うべき優秀な人材が県外に流出している状況にあるのではないかと思います。

　こうした現状を打破し、県経済の活力を取り戻すためには、本県の持つ様々な分野での資産・価値について、
　①地域にある資源の持つ潜在的価値を引き出す
　②地域にある資産の流出・毀損を防ぐ
　③地域において新たな価値を創り出す
　という三つの視点から今一度見つめ直し、地域における価値づくりを進めていく必要があります。

県内経済を地域経済循環システムの考え方で見ると、地域の価値を見つけ出し合っていくということで様々な課題やれることが見えてきます。
　例えば、
「地域にある資源の持つ潜在的価値を引き出す」という視点では、
・年間平均降雨量2,500mmという豊富な水資源（賦存量全国6位）をどう活用するか（賦存量は、最大限利用可能な水資源をいう。年間降水量から蒸発散量をひいて、県面積を乗して得られる）。
・南北400kmに及ぶ海岸線を生かした海洋開発の可能性
・温暖な気候のもととなっている輝く太陽と黒潮の恵みをどう生かすか。
・県内で、地域づくり団体が数多く存在するが、これらの団体とどう連携を図り、埋もれた地域資源を発掘し、盛り上げを図るか。
・1,500名を擁する県庁退職者の活用をどう図るか。
・廃校となった小中学校の跡地をどう活用するか。　　　等々
「地域にある資産の流出・毀損を防ぐ」という視点では、
・本県で学んだ高校生や大学生などの流出が続くが、これをどう県内に進学・就職させ、定着を図るか。小学校から高校までの必要経費（全国調査）として、公立で約500万円、私立で約1,500万円かかる。また、年間3,000～4,000人の若者が県外に流出（純流出）している。
・年間約9億円の予算を注ぎ込んで育成する県立看護大学で学ぶ看護師をどう県内に就職させ、定着を図るか。
・道路、橋梁、建物の長寿命化をどう図るか。
・年間2,000人に及ぶ人工妊娠中絶を減らすことで、出生率の回復が図れないか。
・東九州自動車道の完成により、域内の消費が域外・県外へと流出する可能性とその対策

　など、興味は尽きません。特に本県の人口は、年間4,000～5,000人程度の規模で減少してきており、ここ2～3年のうちに、111万人を切る可能性があります。大いなる危機感をもって全県的な対策を講ずる必要があります。

このことについては、「はしがき」のところで触れましたが、日本創成会議の報告書に盛られた危機感を県民みんなで共有することが大切だと考えます。人口の動向をどう見るかはすべての政策の前提条件です。ここ20～30年、毎年4,000～5,000人の人口減少が続くという強い危機意識のもと全ての政策を糾合していくべき時だと考えます。

(5) TPPへの視点

地域経済循環システムの具体的な取り組みについては、次の「**3. 幅広い意味での地産地消を推進する**」の中で述べたいと思いますが、ここで、地域経済循環システムとTPPとの関係について、述べておかなくてはなりません。

TPPは、単に農業分野だけでなく、福祉、医療、建設など多岐にわたる分野において対応を求められる課題です。経済や社会の垣根が撤廃されることで、グローバル企業は活動の幅が飛躍的に拡大するとともに、消費者はより安価な輸入品に触れる機会が広がるなどのメリットが考えられますが、一方で、農業分野、政府調達、雇用などにおいて熾烈な国際競争にさらされることになります。

すなわち、安価な輸入品による県内生産の減、外国人労働者の流入による県内雇用の減、公共事業等における県内企業の受注減などを通じ、本県経済に大きな影響を及ぼすことが懸念されます。「移輸入を県内産に置き換える」という県民自らが取り組むべき地域経済循環の構築のための地道な努力をいわばハリケーンのように一撃のうちに破壊する力を秘めています。

こうしたTPPのもつ地域経済循環システムに対する破壊力に十分注意しておかなければなりません。

3. 幅広い意味での地産地消を推進する
── 供給の構造を変える・その1 ──

　次に、供給面を見ていきます。まずは、「移輸入」されている「財貨・サービス」を本県産に置き換えること（広い意味での地産地消）を考える必要があります。これまでは、この観点からの政策の方向性が弱かったのではないかと思います。

　下の図1-4からわかるように、「総需要額（総供給額）」が変わらなくても、2兆円に及ぶ「移輸入されている財貨・サービス」を、仮に10％分、2,000億円分でも本県産に置き換えることができれば、県内産出額はそれだけ拡大し、そのことが県内総生産の拡大につながり、ひいては、県民所得の拡大に寄与することになるのです。

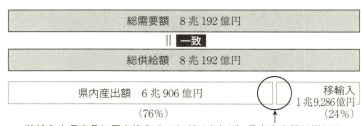

移輸入を県産品に置き換えることができれば、県内産出額は増える

[図1-4] 総供給額の内訳（P13図1より抜粋）

(1) 宮崎県経済には大きい移輸入2兆円

　次ページの図表26のとおり、「移輸入」が、「総供給額」に占めるウエイトは、本県では24.0％となっています。隣県や人口類似県に比べて決して高いわけではありませんが、本県経済にとって約2兆円という規模の移輸

[図表26] 宮崎県と隣県等における移輸入額の総供給額に占める割合

県　名	総供給額A	移輸入額B	B/A (%)
熊　本　県	124,371	29,281	23.5
鹿児島県	119,833	28,530	23.8
秋　田　県	82,145	21,606	26.3
山　形　県	101,775	29,952	29.4
富　山　県	106,450	27,689	26.0
石　川　県	106,004	27,676	26.1
宮　崎　県	80,192	19,286	24.0

（単位：億円）　　　　　　　　　　　　　　　　　（各県資料より筆者作成）

入、換言すれば貨幣の流出は本県経済の規模（8兆192億円）と比べると大きいものがあります。

　もちろん、移輸入した原材料を加工した製品や食料加工品などを移輸出して外貨を獲得するということもあり、一概には言えませんが、ここでテーマとしている「幅広い地産地消」の推進という観点からは無視できないと言えます。

　ただ、次の(2)以下に述べる一部の例を除けば、移輸入の実態は不透明であり、まずは、可能な限りでの実態把握が必要です。このため、各業界において県産品の利用実態を深く調査し、「移輸入」されている「財貨・サービス」で本県産に置き換えられるものはないか、そのための課題は何かなど検討を急ぐべきです。併せて、行政サイドでは、現場に精通した中小企業診断士などの育成を図り、政策に反映させていくことが必要ではないかと考えます。

(2) 農産物の加工について ── 意外と多い県外産の農産物原料

　平成17年の産業連関表では、**図表27**のとおり特に、飲食料品製造業において移輸入額が最も高くなっています。飲食料品製造業の移輸入は、例えば、日本酒、ビール、ウイスキー、ワインなどのアルコール飲料、清涼飲料水など本県ではほとんど製造されていない製品を移輸入する場合、あ

[図表27] 上位5業種の移輸入額と移輸入率(平成17年)

業　種	移輸入額(億円)	移輸入率(%)
飲 食 料 品	2,848	71.8
商　　　　業	2,209	30.2
化 学 製 品	2,031	92.9
石油・石炭製品	1,565	97.4
輸 送 機 械	1,537	99.3

[注] 移輸入率は、県内需要額に対する移輸入の割合を表し、移輸入額を県内需要額で除したものに、100を掛けて求めます

(「平成17年宮崎県産業連関表結果報告書」より)

るいは、飲食料品の原材料を移輸入する場合が考えられます。

　例えば、本県の特産物である焼酎は、その原料である米については数%が県内産、また、かんしょについては約5割が県内産となっています。逆を言えば、米については90%以上が、かんしょについては約50%が県外産のものが使用されている状況です。

　県内で調達できるにもかかわらず県外産品を使用することは、製造業者にはそうせざるを得ない事情があるのでしょうが、産品そのものの購入経費のみならず横持ち経費も発生することとなり、ひいては付加価値が流出する要因ともなります。

　米加工品である単式蒸留焼酎(いわゆる乙類焼酎)などについては、平成23年7月から、原材料の産地情報を消費者に伝達することが義務付けられましたので、こうした動きを追い風としながら、本県産原材料の加工特性等の研究を進めるとともに、生産者側と実需者側とのきめ細かなマッチングを進めていく必要があります。

　農と商工業の結びつきを進め、原材料を本県産への置き換えを進めることで、あるいは地元のビールやワイン、日本酒の販路拡大を進めることで県内産出額の増大が可能となるはずです。

(3) 課題の多い本県農産物利用

　平成24年4月発表された「食品関連企業実態調査」(宮崎県工業支援課、宮崎県食品開発センター)によると、

「本県産農産物を一次加工品の原料として利用する場合の問題点」として、
- 販売単価が高くなる
- 原料単価が高い
- 販路開拓が難しい
- 年度ごとに品質に差がある
- 天候不順のリスクを一方的に負わされる

などが挙げられています。このため、報告書では、今後の課題と具体的な取り組みとして、

「コーディネート機能の充実」としては、
- 実需者の一次加工業者、生産者をマッチングするための展示会等の開催やコーディネーターの育成、
- 実需者ニーズや一次加工品、県産農産物等に関する情報の収集や、効果的な情報提供を行うための仕組みづくり

「実需者のニーズに対応した一次加工品づくりへの支援」としては、
- 一次加工業者が食品機械等を整備するための支援
- 一次加工業者のニーズに対応した県産農産物を提供するための体制づくり
- 一次加工業者への加工技術の支援

「県産一次加工品の販路拡大」としては、
- 一次加工業者が販路拡大を行う際の支援
- 栄養成分や機能性等の表示による商品の差別化に関する支援
- 県産一次加工品の品質等のPRとブランド化

を掲げています。

課題と取り組むべき方向性は概ね整理されています。今後は、これをどう実行に移していくかです。その意味で、前述した「フードビジネス相談ステーション」の果たすべき役割はますます重要となります。また、県民の皆様によるこのステーションの積極的な活用が望まれます。

(4) 県産品への「置き換え」推進を

　青果物の生鮮での消費について考えてみます。
　本県農業の金額ベースでの食糧自給率は、約240％となっています。これは、県内の農産物の消費額を100とした場合に、本県は240に相当する金額の農産物を生産しており、県内消費額を上回る140は県外へ移輸出していることを意味しています。
　100の消費の中には、例えば、バナナ、リンゴ、夏場の野菜など本県での生産が難しく、県産品での置き換えが困難なものも当然含まれていますので、青果物を生鮮食品として消費する場合には、地域経済循環システムの考え方にも一定の限界があることを認識しておくことも必要です。しかし一方で、試験研究機能を強化し、置き換えが困難なものを県内で創り出していく方向性を構築することも長期的な戦略としては重要な課題です。
　例えば、バナナは、本県ではごく一部の農家でしか生産されていませんが、離乳食に適しているなど市場ニーズは底堅いものがありますので、「南国」という特性を生かして完熟バナナの産地化をめざしていくことも方向のひとつと考えますがいかがでしょうか。
　いわゆる「地産地消」については、農林水産物など県内の一次産品を広く県民にPRすることで、当該一次産品への理解、ひいては農林水産業や農村の意義・役割に対する理解を深めていこうという理念です。重要な政策理念であり、その視点からやるべきことはまだまだあるということです。
　ただし、本県農産物の金額ベースでの自給率240％を見ると、政策の本筋は、やはり積極的に外貨を稼いでいくという点におくべきであることを示唆しているということを強調しておきます。

4. 保有資産の有効活用を
―― 供給の構造を変える・その2 ――

(1) 社会資本の活用は十分ですか

　前に需要の内訳（P31図1-2）をみたとき、「県内最終需要」を構成するものとして「総固定資本形成」という項目がありました。これは道路や港湾などのいわゆる社会資本の建設・整備に使われるものですが、この社会資本の活用が十分でしょうか。
　港湾の利用について考えてみます。
　本県は、首都圏などの大都市圏から遠隔にあることから、物流の円滑化・効率化を図ることは大きな課題であり、これまで港湾の整備に多額の経費を投入してきました。
　しかしながら、その活用状況を見ますと、例えば製材品については、その生産量の6割強が関西以北及び沖縄向けに海上輸送により出荷されていますが、県内の港湾を利用して出荷される割合は、そのうちの2割強であり、多くは、隣県の大分県や鹿児島県の港湾から出荷されている状況にあります。
　また、工業製品についてみますと、太陽光パネルや自動車タイヤなどのゴム製品は、製品の輸出では博多港、原材料の輸入では志布志港などが利用されている状況にあります。製材品は、安価な外材との競合があり、工業製品は、海外市場を巡る中国製品などとの熾烈なコスト競争下にあるため、県内の港湾を利用することがコスト競争上不利な面があることはやむを得ませんが、資産の有効活用という観点からは大きな課題です。
　このため、県内の主要企業等に対し、港湾利用の実態と意義等について理解促進に努めるとともに、利用促進を働きかけていく必要があります。

[図表28] 宮崎県と隣県3県の宿泊旅行の実態

延べ泊宿泊者数に対する県内宿泊者数の割合　　　　県人口に対する県内宿泊者数の割合

	延べ泊宿泊者数	割合	県	割合	人口
	5,225,150	20.5%	熊本県	58.8%	1,817,426
	5,043,750	17.0%	大分県	71.5%	1,196,529
	5,036,090	27.2%	鹿児島県	80.3%	1,706,242
	2,481,320	23.9%	宮崎県	52.3%	1,135,233

500万(人)　　　　　　　　　　　　　　　0　　0　　　　　　　　　　　　　　　200万(人)

(単位：人、％)

県　名	延べ宿泊数A	うち県内B	B/A (％)	人口C	B/C (％)
熊 本 県	5,225,150	1,068,550	20.5	1,817,426	58.8
大 分 県	5,043,750	855,650	17.0	1,196,529	71.5
鹿 児 島 県	5,036,090	1,369,620	27.2	1,706,242	80.3
宮 崎 県	2,481,320	593,410	23.9	1,135,233	52.3

(「宿泊旅行統計調査報告（観光庁　平成23年10月)」をもとに筆者作成。人口は、平成22年10月)

(2) 県内回遊客の増加を

　観光庁の「宿泊旅行統計調査報告」(平成23年10月)によると、本県における延べ宿泊者数は約248万人です。これを近隣県と比較すると、**図表28**のとおりで、熊本・大分・鹿児島の500万人台に対し、半分以下となっています。これは、温泉施設数が厚みに欠けることも要因の一つではないかと考えられますが、観光県をうたってきた中で、この宿泊者数の圧倒的差はやはり気になるところです。

　そして、さらに県内からの宿泊者数をみると、本県は約59万人であり、本県人口に対する割合は52.3％となっています。これを近隣県についてみますと、熊本県が約107万人の58.8％、大分県が約86万人の71.5％、鹿児島県が約137万人の80.3％となっています。宿泊者数そのものの大きい開きがあるなかで本県民の宿泊はそれなりに高いと言えますが、県民の県内宿泊施設を利用する余地はまだまだあるといえます。

　一方、小中学生の修学旅行の状況を見ると、県内を目的地としたものではなく、ほとんどが県外向けであり、また、県外からの修学旅行も年々減

少してきている状況にあります。このことは、経済的にみると、県外から「財貨・サービス」を購入していることを意味しており、「サービス業」等における移輸入超過（支払い超過）の要因のひとつとなっています。

　宮崎県は、100万泊県民運動を推進しています。あと40万泊分の増加が必要です。仮に、一人一泊当たりの消費額を１万円としますと40万人泊で、40億円に相当し、人口減少からくる需要の喪失額（87億円）(45ページ参照）の半分程度をカバーできるとともに、県土の約９割を占める中山間地域等への理解促進やその活性化にも大きく寄与するものと考えられます。県内各地域の受け入れ態勢の整備と県内観光を積極的に行おうとする県民意識の盛り上がりが鍵となります。

　このため、県内各地の観光地や巨樹、神社仏閣、祭り、偉人の遺跡などをとりまとめた資料の作成やNPO法人が主催する「ココロクルギフト」の活用などにより、県外の小中学生の修学旅行を県内に誘致するとともに、県内の小中学生の修学旅行や宿泊学習を県内各地に誘致するなど「100万泊県民運動」を強力に進める必要があります。

　　［注］最新の「宿泊旅行統計調査報告書」では、平成25年１～12月の本県への延べ宿泊旅行者数371万6,050人泊のうち県内宿泊者数は、95万3,679人泊となっており、目標の100万人泊達成は間近な状況となっています。

　中山間地域の振興については、地方行政の現場において各種の取り組みがなされていますが、(公財)宮崎県産業振興機構が県の委託を受けて運営している中山間地域産業振興センターは、配置するコーディネーター等を通じ中山間地域の多様なニーズや課題を把握するととともに、セミナーの開催によって産業興しの機運を醸成するなどの取り組みを行っています。このような取り組み過程の中では、いかに交流人口を増やしていくかが成功への鍵になると思われます。

(3) 細かい見直しを息長く

　このほかにも、社内食堂での県産品の利用、食品加工での県産品の原材

料利用、県内企業が製造した部品の利用など様々な形態が考えられますが、実態が十分には把握できていないのが現状です。

　このため、県民や企業・団体が自らの身の回りをよくみていただき、県産の財貨・サービスに置き換えられるものはないか、どのようにしたら置き換えられるのか、また、なぜ置き換えられないのかなど日頃からよく認識・研究していただく必要があります。

　しかしながらここで大切なことは、一過性に終わらせることなく息の長い取り組みが必要です。顧客ニーズに応えうる品質の優れた商品開発をめざす生産者の高い意識と穏やかな県民性を生かしたもてなしの心が前提であることは言うまでもありません。

5. 農林水産業をさらに伸ばす
―― 生産構造を変える・その1 ――

　生産面に目を転じると、まずは、他の都府県に比べて、比較優位な農林水産業を伸ばす必要があります。

(1) 得意分野に育ててきた50年の軌跡

　本県の土壌は決して肥沃ではなく、また、台風の常襲地域でもあったことから、昭和35年に「防災営農計画」を策定しました。以来、先人の知恵と努力によって全国有数の農業県へと変貌を遂げました。その結果、県内総生産に占める農業生産額の割合、いわゆる特化係数は全国で1位となり、金額ベースの自給率は240％とこれも全国1位です。しかも農業は、県内いたるところで営まれているなど雇用吸収力のある産業です。
　林業や水産業も同様に本県の産業構造上、他県に優位な産業です。政策的には、こうした得意分野を伸ばすことが行政コスト的にも効率的であると考えられます。
　筆者は、県庁職員時代、特に40歳代前半から、本県農業の現状やこれまでの取り組みを学習するにつれて、農林水産業を伸ばすことが本県の独自性、競争性を発揮できる大きな道筋であると考えるようになりました。その理由については後述のとおりですが、今もその考えは変わっておりません。
　平成24年の本県の農業産出額は、約3,036億円で全国第7位の位置にあり、食料供給県としての地位を確立していますが、この地位は一朝一夕に獲得したものではありません。
　以下、筆者が平成16年に作成した「21世紀の本県政策における農林水産業の位置づけ」というプレゼンテーションペーパー（図表29）に基づき考え

てみたいと思います。

　図表29に見るように、もともと本県は、温暖・湿潤な気候のもとにあり、このことは、病害虫の発生や台風の襲来を意味し、土壌条件も土壌生産力可能性等級面積Ⅲ等級（農業に適した土地にするためには、大幅な改良が必要とされる土壌）の占める割合が全国に比べて高く、さらに大消費地から遠隔地であるなどの数々のハンディキャップがありました。こうしたハンディキャップに対して、知恵と工夫を加えながら、全国有数の農林水産業県としてその地歩を固めているのです。

　その知恵と工夫の例として、一つは、台風の影響を避けるための営農方式の転換、いわゆる防災営農（早期水稲や施設園芸により台風の襲来を避けた作型の導入、畜産のウエイトを高めることで台風の影響を少なくするなど）の取り組みです。

　二つ目が、標高差を利用した立体園芸です。県内を東西南北の平面としてのみ見るのではなく、沿岸平坦地域、高台畑作地域、中山間地域という標高差でとらえ、施設野菜、土もの野菜、夏秋野菜・花きなど、それぞれの標高に対応した品目・作型を導入し、生産性を上げようという取り組みです。

　三つ目が、技術開発です。暑さに強い品種の開発や導入、土壌改良の取り組みなどです。

　四つ目が、農業改良普及員等による濃密な現場指導、さらには、農業者の自己研さんによる経営改善の取り組みです。

　そして五つ目が、距離的なハンディキャップを克服するための各種の流通対策です。

　こうした取り組みの結果、図表29にあるように、全国有数の食糧供給基地としての地位を築くことができたのです。私たちは、こうした取り組みの歴史を共有し、誇りと自信をもって、外貨獲得対策の旗手として農林水産業を位置付け、積極的に売り込んでいくべきだと考えます。

[図表29] 筆者作成の農林水産業振興のプレゼンテーションペーパー（平成16年）

21世紀の本県政策における農林水産業の位置づけ

── （趣旨） ──
農林水産業は、今後宮崎県が独自性・競争性を発揮していく上で、最も重要な戦略分野であり、今こそ、農林水産分野に施策と予算の集中化を図るべきである。

── （理由） ──
地方分権、さらには道州制を見据えた場合、本県が生き残る道筋は、他県に比べて比較優位にある農林水産業をベースにしたオンリーワンの県土づくりを積極的に進めていくところにあり、そのことは、「選択と集中」が問われる現在の財政状況のもとにおいても、効果的な選択である。

（説明）

これまで

1. 本県のおかれた農業を営む上での諸条件は、気候、土壌、地理等の諸条件から見て、必ずしも、有利なものではない。
   - （例）・湿潤な気候からくる病害虫の発生
     - ・台風被害の発生
     - ・良質とはいえない土壌条件
     - ・大消費地から遠い　　　　　　　など

2. こうした諸条件に、知恵と工夫を加えながら、全国有数の食料・木材供給県としての現在の地位を築いてきた。
   - （例）　防災営農、立体農業、技術開発、営農指導、流通対策、生産基盤の整備　　　など

- ・農業産出額（8位）
- ・自給率（金額ベース1位）
- ・沿岸まぐろ、近海かつお（1位）

・農林水産業の特化係数
（県内総生産に占める構成比）
⑬4.42（1位）

これから

1. 地方分権の進展や道州制の導入等を踏まえた場合、これからの地域づくりに問われる政策理念は、「独自性」、「競争性」等である。
2. 農林水産業は、他県に比べて、比較優位な産業であるとともに、これらの政策理念を達成する諸要素を具備しており、この比較優位な産業にさらに磨きをかけ、オンリーワンの県土づくりをめざすことを今後の21世紀の基本戦略としていくことが本県の選択すべき道筋である。
3. このため、財政構造改革のもとにおいても、農林水産業及びその関連分野へ、施策及び予算の積極的投入を行うべきである。

[図表29] つづき

これまで

本県のおかれた条件

1. 気候的条件
   ・温暖・湿潤な気候 → 病害虫の発生　・台風の襲来 → 災害の発生
2. 地形的条件
   ・南北に長い　・後背地として、九州山地を擁する　・波の荒い日向灘
3. 土壌条件
   土壌生産力可能性等級面積比率Ⅲ等級　　水田　普通畑
   　　　　　　　　　　　　　　　　　　　本県　71%　97%
   　　　　　　　　　　　　　　　　　　　全国　39%　63%
4. 地理的条件
   ・大消費地から遠い

▼

講じてきた主な対策等

1. 台風の影響を避けた営農方式（防災営農）
   早期水稲、施設園芸、畜産
2. 標高差を活かした農業展開（立体農業）
   ・中山間地〜夏秋野菜、花き　・高台畑地帯〜土物野菜　・沿岸平坦地帯〜施設野菜
3. 技術開発
   品種開発、土壌改良、環境保全型農業
4. 営農指導
   認定農業者、SAP、女性指導士、集落営農、金融、価格安定
5. 距離的ハンディキャップの克服（流通対策）
   冷凍コンテナ、フライト輸送、相対取引
6. つくり育てる漁業
   栽培漁業、種苗放流
7. 生産基盤
   ほ場、かんがい、農林道、漁港、漁礁
（8. 拡大造林）

▼

現在の姿

1. 農業　①産出額　⑭3,129億円（全国8位）　⑬就業者1人あたり（全国2位）
   　　　②自給率　・カロリー 61%（全国18位）　・金額 235%（全国1位）
   　　　③全国上位の品目　1位：ピーマン、スイートピー、日向夏、葉たばこ
   　　　　　　　　　　　　2位：さといも、マンゴー、鶏、豚
   　　　　　　　　　　　　3位：肉用牛　　4位：キュウリ、大根、茶
2. 水産業　①生産量　⑭103千t（全国17位）
   　　　　②生産額　⑭403億円（全国14位）　⑬就業者1人あたり（全国4位）
   　　　　③全国上位の品目　・沿岸まぐろ　2,540 t（全国1位）
   　　　　　　　　　　　　　・近海かつお　⑭22,370 t（全国1位）
（3. 林業）①杉丸太生産量　（全国1位）
4. 農山漁村　①地域資源の醸成　伝統文化、芸能、土地改良施設
   　　　　　②都市との交流の舞台　グリーンツーリズム、ワーキングホリデー

これから

日本の流れ・世界の流れ	左の流れに対応する政策理念	
1 地方分権	1 独自性	
2 道州制	2 競争性	自信と誇り
3 財政構造改革	3 効率性・効果性	
4 環境との共生 ・水、森林	4 共生性・協調性	
5 地球的規模での食料不足	5 生産性	
6 健康志向	6 食の安全・安心	

21世紀の基本戦略

農林水産業をベースにしたオンリーワンの県土づくり

1. 他県に比べて比較優位な産業。
   比較優位な産業を伸ばしていくことは、独自性、競争性を発揮する上で、効果的な戦略であり、投資効率の観点→からも有効である。
2. 環境に優しく、環境との共生に不可欠な多面的機能を有した産業。
3. 技術開発、生産基盤の整備により、確固たる地位を築くことができる産業。
4. 生産や技術交流で、世界貢献ができる産業。
5. 他産業との連携により、発展可能性がさらに高まる産業。

農林水産業の振興と関連施策の充実・強化

【参考資料】
農林水産業の特化係数

	昭55年度	昭60年度	平2年度	平7年度	平12年度	平13年度
特化係数	3.43	3.37	3.53	3.61	3.98	4.42
全国順位					1位	1位
製造業(本県)	0.55	0.55	0.54	0.58	0.62	0.62

[図表30] 米とほうれん草の価格構成 （平成14年度）

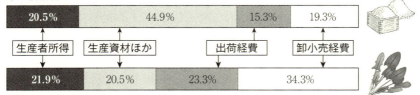

（農林水産省資料に基づき、一部筆者作成）

[図表31] 飲食費の最終消費からみた投入構造 （平成12年）

［注］農林水産省の加工食品の価格構成の試算をおにぎりの価格構成に適用した

(2) 農業6次産業化の表と裏

　近年、農業生産者の所得向上等をめざして、農商工連携や6次産業化など様々な取り組みが進められています。これらの取り組みの意義を考えるために、まず、これらの取り組みの前提となる農産物とその加工品の価格構成について、農林水産省の資料等をもとに確認しておきたいと思います。

　図表30は、同じ農産物である米（上段）とほうれん草（下段）との比較です。図表31は、農産物である米を原料としたおにぎりの価格構成です（ただし、おにぎりそのものの価格構成を示す資料は手元になく、加工食品の価格構成比を引用しました）。

　図表30では、生産者受取価格は、米では小売価格全体の65.4％に対して、ほうれん草では42.4％と大きく異なりますが、最終的に生産者が手にする所得は、それぞれ20.5％と21.9％でさほど大きな違いはありません。

小売価格の概ね20％程度を生産者が手にするというわけです。

一方、**図表31**によると、仮に生産者が、自作のコメを原料におにぎりを製造し、それを販売すれば、おにぎりの原料食料（米）の中の20.5％分の所得＝4.305％（すなわち、おにぎりに占める米の価格構成比21.0％×農産物としての米の価格構成比0.205＝4.305％分の所得）と加工品の所得25.5％分との合計29.8％を生産者が手にすることになります。また、関連流通経費の圧縮が図られ、その結果、所得として受け取る割合はさらに大きくなるため、6次産業化の取り組みは農家の所得向上に大きく寄与することが考えられます。

しかしながらこれらの方向は、一方では大きなリスクを包含しています。従来、農家は、生産した農産物を市場に供出しさえすれば、後は、卸・仲卸・小売りのルートで消費者の手元にいわば自動的に届けることができましたが、農業の「6次産業化」は、卸・仲卸・小売りのルートにゆだねてきた「製品を売る」というリスクを農家自らが負担しなければならないことを意味します。

6次産業化がもつ光と影ともいうべき課題を克服し、農業生活の所得向上を図っていくためには何が必要か——今後、後継者不足が全国的に大きな課題となり、農産物の供給能力も落ちていく可能性があります。それだけに食糧供給県としての本県の役割は高まっているといえます。他産地の動向も十分把握し、しっかりとした農産物を作り上げる技術をさらに磨き、まず本筋の青果物として売る方向を失わないことが大切です。そうして本業である農業の経営基盤をしっかりと整えながら、農業の「6次産業化」を併せて推進していくことが大切だと筆者は考えています。

(3) オンリーワンの県土づくりを視野に

農業は単に産業として重要であるばかりではなく、今後の県土づくりを進めていく上でもきわめて重要です。

地方分権の進展や道州制の導入等日本や世界の流れを踏まえた場合、農

[図表32] 農業を取り巻く潮流とそれに対応する政策理念、農業の果たす役割・期待

主な潮流	主な政策理念	農業の果たす役割
地方分権	独自性	・県土の隅々で展開され、雇用吸収力のある産業
道州制	競争性	・他県に比べ優位な産業
財政構造改革	効率性・効果性	・多面的機能を有した産業
環境との共生	共生・協調	・生産や技術交流で世界貢献ができる産業
世界的食糧不足	生産性	・他産業との連携により、発展可能性が高まる産業
健康志向	安全・安心	

(各種資料により筆者作成)

業は、図表32にあるように、これらの潮流に対応すべく求められる政策理念を達成する諸要素を備えており、この比較優位な産業にさらに磨きをかけ、オンリーワンの県土づくりを進めていくことが本県の選択すべき道筋ではないかと考えております。

もちろんこのためには、再生産可能な農業所得を確保することが大前提であることは言うまでもありません。

木村尚三郎元静岡文化芸術大学学長（元東大教授）は、今後の農業の役割について次のように言っておられます。

「いま何よりもまず、農業の再生と農村の活性化を国家的課題として早急に図らねばならない。それによって農に生きる自信と安心そして誇りを取り戻す。日本の出生率も高まり、皆元気になる。家族の連帯と愛情が農には不可欠だからである。」「園芸というべききめの細かさ、美意識を備える日本の農業がだめになれば、きめ細かさで世界に冠たる日本の工業もまただめになるだろう。日本の工業技術を支えているのは、農業に培われた日本文化そのものであることを忘れてはいけない。」「もう一度私たちは農に立ち返り、五感を鋭くし、日本の文化力を高め、これを日本の観光とか日本外交の柱に据える必要がある。農に基づいた文化立国への道、さらには農型社会の創造こそ私たちが目指すべき目標である」(平成17年1月10日付日本経済新聞「経済教室」より抜粋)

なんと農業の本質をとらえた言葉でしょうか。そして農業に対する慈愛に満ちた言葉でしょうか。

6. 製造業間の連携を ── 生産構造を変える・その2 ──

　生産面で次に大切なことは、製造業間の連携をさらに強めることにより生産波及効果の県内歩留まり率を高め、経済が循環する仕組みを構築することです。

(1)「県内の歩留まり率」を高める

　製造業の振興は本県の長年の課題です。平成24年の製造品出荷額を見ると、全国が約285兆円に対し、本県は、約1兆3,420億円であり、そのシェアは0.47％と1％経済の原則から大きく外れる現状となっています。人口類似県の石川県が2兆4,382億円、富山県が3兆3,653億円であることを考えると、本県の製造業は力強さに欠けると言わざるを得ません。
　その大きな要因は集積の薄さにあると考えられますが、産業連関上は「県内歩留まり率」の低さとなって表われています。県内歩留まり率とは、最終需要によって起こるべき波及効果のうち、どれくらいが県内に生じるかを示すものです。
　本県産業の歩留まり率を示したものが図表33です。これによると本県においては、製造業は農業より概して歩留まり率が低く、輸送機械や情報・通信機器においては特に低くなっています。これら2業種は、封鎖経済型逆行列係数では、それぞれ、2.596、2.705と、他の業種に比較して非常に高い生産波及効果を示していますが、開放経済型逆行列係数では1.176、1.286と他の業種に比べて低く、その結果、県内歩留まり率が、県内産業の中では最も低くなっているわけです。
　このことは、原材料等の県内調達が進んでおらず、多くを県外からの移輸入に頼っており、県内において加工の連鎖が乏しいことを示していま

[図表33] 主な産業の県内歩留まり率（県平均以下）県内歩留まり率の低い順

業　種　名	県内歩留まり率(%)	逆行列係数（封鎖型）	逆行列係数（開放型）	移輸入率(%)
輸　送　機　械	45.3	2.596　③	1.176　⑬	99.3
情報・通信機器	47.5	2.705　①	1.286　⑩	94.8
化　学　製　品	54.5	2.481　⑤	1.351　⑥	92.9
畜　　　　　産	56.6	2.621　②	1.483　③	21.7
金　属　製　品	57.3	2.146　⑨	1.229　⑫	78.8
電　子　部　品	57.9	2.423　⑥	1.404　④	92.4
電　気　機　械	58.4	2.116　⑪	1.236　⑪	87.5
一　般　機　械	59.7	2.208　⑧	1.318　⑦	91.7
漁　　　　　業	60.6	2.146　⑩	1.300　⑧	22.7
繊　維　製　品	63.1	2.048　⑬	1.293　⑨	91.3
飲　食　料　品	64.2	2.534　④	1.626　①	71.8
建　　　　　設	64.8	2.101　⑫	1.362　⑤	データなし
パルプ紙木製品	65.2	2.376　⑦	1.548　②	63.8
県内産業平均	66.0	2.088	1.378	30.9
農　　　　　業	69.6	1.869	1.300	43.1

[注] 県内歩留まり率は、開放経済型の生産波及効果を封鎖経済型の生産波及効果で除して求められます。
（「平成17年宮崎県産業連関表結果報告書」より）

す。このことは、県内需要に占める移輸入額の割合である「移輸入率」からも見ても明らかです。

　筆者はこうした特徴、すなわち、封鎖型の生産波及効果は高いが、その原材料等を多く県外から移輸入しているため、開放型の生産波及効果が極端に低くなり、結果としての県内歩留まり率が低いという特徴をもつ業種を「原材料単発的加工型」産業と呼ぶことにしたいと思います。逆に、封鎖型生産波及効果が高く、県内歩留まり率も高い業種を「サプライチェーン型」若しくは「ネットワーク型」産業と呼ぶことにしたいと思います。しかし、このサプライチェーン型（ネットワーク型）産業は、残念ながら本県では見当たらないのが現状です。（運輸産業が、封鎖型での生産波及効果が2.250と高い数値を示し、移輸入率は15.1％となっていますが、県内歩留まり率は66.1％と県内平均にとどまっています。）

　県内産業の産出額を高めていくためには、より高い波及効果が見込める

[図表34] 原材料単発的加工型集積からサプライチェーン型
（ネットワーク型）集積への転換のイメージ図

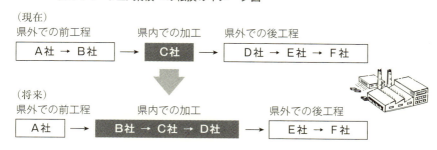

産業の集積を図っていくことが重要です。そのためには、**図表34**のイメージ図にあるように、その可能性を秘めている「原材料単発的加工型」産業の集積の構造をサプライチェーン型に変え、県内において加工の連鎖を生みだし、県内歩留まり率を高めていくような取り組みをいかに行っていくかが重要となってきます。

(2) 集積が薄く加工連鎖の弱い産業群

「原材料単発的加工型」産業の代表例である輸送機械製造業を例に考えて見ましょう。

　輸送機械製造業は、製造品出荷額が平成22年で501億円、全体に占める割合が3.8％と本県において存在感を示せるようになりました。また、県内総生産に占めるウエイトである特化係数も、平成21年度県民経済計算によれば、平成8年度0.1から同21年度0.3と次第に高まりつつあります。

　その代表的な産業が、自動車産業です。宮崎県自動車産業振興会の会員企業数も約40社となるなど一定の集積ができつつあります。また、宮崎県商工観光労働部の資料によると、自動車部品だけでなく、設備・機械装置や治具などを含む自動車関連企業数は、平成25年10月現在で、66事業所となっています。自動車が約3万点に及ぶ部品から構成されていること、また、エンジンで言えば、約千点の部品と約60の作業工程からなっているこ

となどを考慮すると、66事業所という集積はまだまだ薄いと言わざるをえません。

関連企業は、第一次サプライヤー、第二次サプライヤー、第三次サプライヤーといった具合に、裾野が次々と広がっている特徴をもっています。単純に比較はできませんが、例えば、眼鏡の産地で有名な福井県の鯖江市においては、バブル崩壊後、眼鏡の関連企業が少なくなったようですが、それでも約500の関連会社が存在しているとのことです（平成26年7月3日「ガイアの夜明け」より）。また、金属洋食器や機械金属加工で有名な燕三条地域にある協同組合三条工業会の会員数は、プレス94社、利工具62社、機械加工39社、溶接36社、金型34社など計520社となっています（同工業会HPより）。

したがって、自動車関連企業の一層の集積を図っていくことが求められますが、国内の数社の大手メーカーによる系列化が進んでいることから、企業自らがこうした系列化の中に参入することは、かなり厳しい状況にあると考えられます。このため県では、関係機関・団体と一体となって、県内外の企業相互の取引あっせんや県外展示会への出展、県内企業のPR等の取り組みを進めています。今後はこうした取り組みをさらに進めるとともに、中核となる第二次サプライヤーの誘致・育成や金属製品製造業、一般機械製造業などからの参入が可能となるよう技術力向上対策が求められます。

また、エンジンなど製造過程において多くの作業工程を必要とするような自動車部品製造業の集積を図っていくことも必要な方策のひとつと考えます。

もちろん、自動車産業は輸出型産業でもあります（生産の海外シフトにより、近年はそうとも言えなくなったようですが）ので、世界の経済情勢に大きく左右されますが、あくまで例示としてあげたものであり、要は、県内で、川上、川中、川下のサプライチェーンがうまくつながり加工の連鎖が起こるような製造業の集積を図っていく必要があります。

（公財）宮崎県産業振興機構の中期運営計画（平成23～26年度）では、県内に幅広い協力企業を持ち、県内中小企業への受発注に大きな影響力を持つ企

業を「中核的企業」と位置づけ、経営意識の啓発や取引振興、経営基盤強化等の支援を行うなどその育成を図ることとしています。今後、こうした取り組みを更に進め、付加価値が少しでも多く県内に残るような企業の集積を進めていくことが必要です。

　このためには、例えば、誘致企業等のフォローアップを徹底的に行い、何が足りないかを明らかにし、足りない部分を補う施策が必要です。これには、京都府が取り組む「京都版エコノミック・ガーデニング」事業や福岡県が実施する「次世代自動車詳細分析構造研究事業」などが参考となると思います。また、中小企業診断事業を廃止して以降、現場ニーズの把握がどの程度なされているのか、現場での情報収集力が弱くなってきているのではないかと懸念もされます。

　企業誘致も、できるだけ「サプライチェーン型」を意識して行うことが本県の経済構造を変えていくという点では望ましいと思います。

7. 本社機能の集積を ──分配の構造を変える・その1──

次に、分配面を見ていきます。

その前にもう一度、「県内総生産」から「県民所得」が導かれる過程を復習します（図1-5参照）。

① 「県内総生産」から「固定資本減耗」を差し引いて「県内純生産（市場価格表示）」が導かれます（Aの過程）。

② 次に、「県内純生産（市場価格表示）」から「生産輸入に課される税─補助金」を差し引いて「県内純生産（要素費用表示）」が導かれます（Bの過程）。

③ 最終的に、「県内純生産（要素費用表示）」から「県外への財産所得」及び「県外への雇用者報酬」を差し引いて「県民所得」が導かれます（C及びDの過程）。

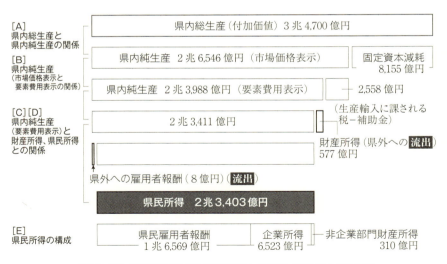

[図1-5] 県内総生産から県民所得への過程（P13 図1より抜粋）

(1) 企業の財産所得の流出を防ぐ

　この「県民所得」が、各都道府県の経済的な豊かさのバロメーターとして活用されるわけですが、上記過程のうち、①～②の過程については、どの都道府県においてもマイナスとして差し引かれることになります。問題は、③の過程です。

　本県の場合、県民所得2兆3,403億円は、県民雇用者報酬1兆6,569億円と、企業所得6,523億円、非企業部門の財産所得310億円に区分されます。

　非企業部門の財産所得310億円は、利子、配当、保険契約者に帰属する財産所得、賃貸料など県外からの受取額1,322億円から同じく県外への支払額1,012億円を差し引いたものとして表されます。

　また、企業所得6,523億円は、営業余剰・混合所得7,411億円から、企業部門の財産所得の県外への流出額887億円を差し引いたものとして表されます。この流出額887億円と非企業部門の財産所得（受取超過）310億円との差し引き577億円が財産所得の県外流出分となるわけですが、流出額887億円の内訳をみると、**図表35**にあるように、特に、非金融法人企業部門で1,298億円と大きく流出していることがわかります。

　この財産所得の県外流出額577億円に、雇用者報酬の流失額8億円を加えた計585億円が本県における県外への所得の純流出になるわけですが、これに対して、熊本県は1,138億円、鹿児島県は1,105億円、富山県は580億円、石川県は595億円が流入＝差引き受取超過となっています。こうしてみると、本県の財産所得（企業部門）の流出額887億円の状況は、分配面か

[図表35] 企業所得の流出の内訳　（△は流出を表す）

企業所得の流出額	△　887 億円
うち非金融法人企業の受取額	1,515 億円
同　　　　支払額	△ 2,813 億円
同　　　　差引額	△ 1,298 億円

（「平成21年度宮崎県県民経済計算」より）

ら見た大きな課題であるといえます。

　なお、平成22年度の県民経済計算では、本県も278億円の流入となっていますが、これは家計の財産所得の推計変更（県外への投資もカウントするようになった）により大幅増となったものです。ちなみに、同年の熊本、鹿児島、富山、石川の四県とも流入額を伸ばしています。本県においては企業の財産所得は大きく流失していることに変りはありません。その原因は一体何でしょうか？

　「財産所得」は、利子、分配所得、配当（役員賞与を含む）、地代、著作権等の使用料、土地賃貸料などから構成されており、県民経済計算においては、その詳細な内訳は算出できず、断定的なことは言えませんが、財産所得の構成要素から推察するに、県外に本社機能をおく誘致企業や大手建設事業所など県外資本の存在が財産所得の帰すうを左右しているのではないかと考えられます。

　県外資本といえども、県内での雇用創出や経済の発展に大きく貢献いただいており、その役割を過小評価する訳では決してありませんが、ここで今一度、本社機能の意義・重要性について考えることが必要となってくるのです。

(2) 本社機能の意義と東京一極集中の弊害

　大阪における本社機能を考察したある調査報告書（出所不明）によると、本社機能は、「経済的中枢管理機能の重要な要素」としてとらえられており、具体的には、「企業における経営の意志決定、経営政策の樹立、研究開発、調査及び製造、営業、教育訓練、流通集配など経営活動全般にわたる管理機能の主体的エネルギーの集積によって形成されるもの」と定義されています。

　このことは、本社機能が、人の交流、物の流通、資金の融通を生み出し、地域経済活性化の大きな源となる可能性を秘めています。しかも、本社機能は単に事業所の集積のみならず、行政、文化、情報、住宅など背後

に高度な都市機能をもたらす要因ともなります。いわば、「企業の本社が立地することはその地域における経済活力の象徴」です。

なお、同報告書では、「大阪の経済的地位の低下を象徴する現象として、「本社機能の東京への移転、あるいは複数本社制の導入等」が指摘されていますが、しかしながら、本社機能等の地方分散による東京一極集中の打破といった議論は近年ではほとんど聞かれなくなった感があります。

最近では、若干趣旨は異なりますが、林敏彦同志社大教授等による「安倍政権経済政策の課題④」（平成25年1月21日付日本経済新聞「経済教室」）の中で、首都圏機能のまひ状況を軽減するための対策のひとつとして「民間企業の本社機能の地域分散を後押しすることも検討すべき」と言及されています。しかしこれとて、首都圏機能を大災害のダメージから守ろうとする点で東京本位であり、地域経済活性化策としての本社機能の意義・役割を積極的に訴えるものとしては物足りません。

日本創成会議の問題提起（本著「はじめに」参照）によってようやく議論が再燃しつつあります。今後の議論の本格化と抜本的な対策の構築に期待したいと思います。

本県においても、これまでこのような観点からの検討・議論・対策はほとんど行われてきませんでした。唯一、大村昌弘宮崎産業経営大学学長がその著書『日本には二つの国がある（新列島改造論）』において、東京一極集中の弊害を訴えておられるぐらいです。学長は、霞ヶ関の中枢で仕事をされてきた経済産業省のキャリア官僚であられると同時に本県の商工労働部長をされるなど大都市と地方都市の双方の長所や短所を経験された方です。その大村学長が東京一極集中の弊害と機能分散を声高に主張しておられます。

大村学長の主張を私なりに要約すると次のように整理できると考えています。まず、東京一極集中をもたらした背景として、

①産業構造の変化により、地方で成り立つ産業が少なくなった一方で、金融や情報など産業の頭脳部分のウエイトが圧倒的に高まり、すでに集積のあった東京にさらに集積が進む結果となったこと

②政治・文化の中心である東京はすごろくの「あがり」「栄達の府」であり、東京オリエンティド（東京ありき）の志向が国民感情の中に染みついてしまったこと
③小選挙区制の導入によって党本部の権力が高まり地方の声が届きにくくなったこと

などが考えられる。そして、東京一極集中の弊害として、
①東京は、ミサイルの標的とされたり大震災という時限爆弾の上でかろうじて立っている「砂上の楼閣」であり、眠れる巨大都市である。有事の際は、完全に首都機能が麻痺してしまう
②豊かでゆとりのある生活環境はもはや無く、居住にふさわしい場所とは言えない
③一方、大阪の地盤沈下をはじめ地方都市は疲弊し若者の流出が続いている
④その結果、日本列島周辺部の浸食が始まるなど日本国民の領土意識の希薄化も招いてしまった

などを挙げておられます。

このような弊害に対して学長は、「東京解体という思い切った外科手術しか残されていない。相手は、霞が関の中央官庁であり、国会であり、東京である。エネルギーと情熱をぶつけて道を切り開いていくしかない（P28）」「人的資源の流出は、「ひと」で支えられているふるさとの損失、そして日本全体の損失である（P129）」との危機意識に立って、「今こそ東京の諸機能の地方分散」が必要であり、そのためには、「東京に集中している諸機能の受け皿となり活力拠点になれるように思い切った荒療治が必要である（P98）」と述べられています。

そして、具体的な提言として、①中選挙区制の復活、②国会の（日本列島の）西側への移転、③国の出先機関への大幅な権限委譲、④企業の本社・事務所の地方分散　などを挙げておられます。

また、誘致企業「デル」の郡社長は、地元新聞のインタビューの中で、「宮崎・川崎に重複する機能を置いていたことが（震災時には）非常に功を奏

した。事業を継続できるという点で（宮崎は）有効なセンターだ」と、宮崎カスタマーセンターについて積極的な役割を述べておられます。(平成23年9月3日付宮崎日日新聞)

　今回、経済構造の分析を行う過程において、非金融の企業部門の財産所得が大きく目減りしている現実を改めて認識することになり、また、以上のような主張に書籍や報道で接するにつけ、本社機能の重要性について強調してもしすぎることはないとの確信に至りました。

(3) 本社機能の充実と一部移転を

　以上のような認識のもと、本県の状況について見てみたいと思います。
　平成21年経済センサスによりますと本県には約58,000の事業所がありますが、そのうち何社が本県に本社があり、何社が他県に本社があるかなど本社機能に関するデータは、現時点では残念ながら存在せず、詳細な分析はできませんが、本社機能は地域経済のみならず地域のイメージアップにも大きな影響をもたらすものです。
　本県に本社機能を置きながら全国展開している企業等を思いつくままに例示しますと、ソラシドエア（SNA）、宮崎カーフェリー、独立行政法人航空大学校、焼酎メーカー、鶏肉加工業者、農業経済団体などが思い浮かびますが、その数はきわめて少ないものと推測されます。これらの企業等にあっては、自社のPRはもとより、本県の盛り上げにも大いに努力いただいているところです。
　(2)に述べた本社機能のもつ意味からすれば、より高度な都市機能に恵まれた東京や大阪など大都市圏と遠隔地にある本県にわざわざ本社を置く必然性は、一部企業を除けば、ないわけで、企業論理を超える「何か」あるいは設立の経緯から来る「本県への思い」が感じられるところです。

　　　［注］現に、九州から西日本エリアに店舗を拡大している薬品販売業のK社、高精度精密板金の分野で世界的企業であるF社などのように、本県から福岡県や鹿児島県に本社機能を移している企業もあります。

我々としては、こうした企業の「思い」「好意」にいつまでも甘んじているわけにはいきません。この不透明な時代においては、いつなんどき本社機能が移転されるかもわかりません。こうした事態を避けるためにも、本社機能を本県に有する企業等に対しては、そのニーズに的確に対応できるよう日頃から濃密なフォローアップを行うとともに、新たな誘導策に積極的に取り組む必要があります。また、高等教育の充実、交通インフラ、光ファイバー等の情報インフラの整備、住環境の整備等の高度な都市機能の充実も併せて図るべきです。

　さらに誘致企業に対しても、上記のような取り組みを進めることによって、工場を現地法人化してもらうなど本社機能の一部移転を働きかけていく努力と思い切った誘導策を検討するべきです。

(4) 中小企業の集積と新規開業の促進

　宮崎県内の中小企業は39,926社で、本県企業の99.9％を占め、常用雇用者・従業者数も22万3,270人と本県雇用者の91.4％を占めています（図表37）。その中小企業が諸々の課題を克服し、本県にしっかりと根付き、その集積の厚みが増していくことを「本社機能の充実」ととらえることも重要な視点であると考えます。

　(公財)宮崎県産業振興機構が、県や国の委託などを受けて運営する「総合相談窓口事業」や「よろず支援拠点事業」は、技術開発、IT、財務分析、

(公財)宮崎県産業振興機構
「よろず支援拠点事業」の相談風景

[図表36] 中小企業の定義（中小企業基本法）

	資本金	従業員（常時雇用）	うち小規模企業
製造業、その他	3億円以下	300人以下	20人以下
卸　売　業	1億円以下	100人以下	5人以下
小　売　業	5千万円以下	50人以下	5人以下
サービス業	5千万円以下	100人以下	5人以下

[図表37] 宮崎県の中小企業（民営、非一次産業）

企　業　数	39,970	100.0%
うち中小企業数	39,926	99.9
うち小規模企業数	35,415	88.6
うち大企業数	44	0.1

常用雇用者・従業者数	244,354	100.0%
うち中小企業	223,270	91.4
うち小規模企業	87,609	35.9
うち大企業	21,084	8.6

（「平成21年経済センサス基礎調査」中小企業庁資料より）

販売戦略、デザイン開発などの専門分野に精通したコーディネーターを多数配置し、経営改善、新商品開発、輸出を含む販路開拓、人材育成、情報化など様々な相談に対応しています。また、同機構は公募事業によって「ものづくり」や「産学官共同研究」「農商工連携」などの取り組みも支援しています。

　こうした取り組みによって、中小企業の経営基盤を強化し、その維持・存続を図ることは、次に述べる新規開業を促進する取り組みと相まって、「本社機能の充実」を後押しする不可欠な取り組みであると考えます。

　「企業を増やして経済の活力を高めよう」と題する日本経済新聞の社説（平成25年2月20日付）によれば、我が国の開業率は5％程度であり、米英の10％と比べて低く、「活気を取り戻しつつある日本経済の勢いを一時的なものに終わらせず息の長い成長につなげる」ためには、「次の時代を切り開く新しい企業を育て、停滞しがちな日本の産業の新陳代謝を促す」こと

[図表38] 企業の平均年齢と開業率

県　名	企業平均年齢	開業率
福　岡　県	26.0	2.7
佐　賀　県	27.8	2.0
長　崎　県	29.5	1.9
熊　本　県	27.0	2.2
大　分　県	27.3	2.1
宮　崎　県	26.8	2.4
鹿 児 島 県	27.4	2.3
沖　縄　県	20.7	3.5
九 州 平 均	26.4	2.5
全 国 平 均	28.0	2.0

（帝国データバンク）

が必要であり、その方向の一つとして、企業創出の重要性が指摘されています。

　企業の新規開業などにより新陳代謝が活発であれば、当然経済も活性化することになりますが、地場企業に対しても、起業しやすい環境の条件整備、事業継続のための支援など本社機能を意識した地域経済活性化のための支援が欠かせません。

　また、民間信用調査機関（平成24年6月発表）によると（図表38）、企業の平均年齢が低い県の開業率は一般的に高い結果となっています。その調査によれば、本県は、平均年齢が26.8歳で、全国平均よりも低いが、九州平均よりも高く、開業率は2.4％で、全国平均よりも高いが、九州平均よりも低い結果となっています。

　一方、平成24年中に創業100周年を迎える企業は、本県で21社ありました。長期に事業を継続するためには、「対外的な変化を察知する経営者の感覚や判断力が必要」とされます。技術や「暗黙知」をうまく引き継ぐ方法の伝授も大きな課題です。

(5) 州都誘致と御所造営を

　若干意味合いは異なりますが、航空大学校や福岡高等裁判所宮崎支部のように、常識的に考えた場合、宮崎に配置されるはずもないような機能が宮崎に配置されている例もあります。当時の関係者の慧眼です。こうした一般的には気づきにくい機能・常識的には考えにくい機能を本県へ誘致していくことも重要です。

　本社機能の究極のシンボルは、道州制の実現を見据えた場合の九州の州都と時代の移り変わりを超越した普遍的な皇室のご存在です。

　州都の本県への誘致は、九州の一体的発展を図るためには、特に社会インフラの遅れた東九州の発展が不可欠であり、経済都市圏と政治都市圏を分離し、インフラ整備の遅れた地域に政治都市圏（州都）を形成するべきであるとの考えに基づくものです。

　また、皇室のご存在が究極のシンボルであることについては説明の必要はないと思います。皇室については、大村学長も提案しておられます（前掲書P122、P164〜）が、御所の造営を是非宮崎へお願いしたいと思います。「お住まいがかなわぬものならばせめて避寒地」として、宮崎を選択していただけないか切に願うものです。

　折しも本県は、記紀編さん記念事業を展開中であり、皇室との関わりが深い「日本のふるさと宮崎」の地にこそふさわしいプロジェクトではないかと考えます。

　なお、現在、第2回東京オリンピック・パラリンピックの開催に向けての取り組みが着実に進んでいます。東京は、前ページの**図表39**に見るように、徳川幕府開闢に伴う江戸城大増築をはじめ、明治維新の首都遷都、関東大震災からの帝都復興計画、第二次世界大戦後の復興、第1回東京オリンピック開催など、さまざまな局面において集中投資がなされ、その結果、世界的にもまれな多種多様な文化、歴史遺産、社会資本が蓄積され、人々を引きつける世界都市となっています。

[図表39] 時代の局面ごとに見た東京（江戸）の動き

局面1 江戸時代以前	1　江戸城築城前 　　・浅草神社　　・平将門首塚　　・筑土神社　　・神田明神 2　江戸城築城
局面2 江戸時代	1　江戸城大改築 2　日比谷入り江の埋め立て 3　参勤交代による地方統治と財政運営
局面3 明治時代	1　官庁街の成立　　　　　　2　大学の創設 3　印刷関連産業の発達　　　4　秋葉原貨物駅 5　甲武線　　　　　　　　　6　鉄道電化（飯田橋～中野間）
局面4 大正時代	1　帝都復興計画 　　・主要幹線道路の建設　　・河川運河の改修 　　・大公園の建設　　　　　・土地区画改良事業 2　省線電車（国電）
局面5 昭和時代	［敗戦からの復興］ 1　秋葉原電気街の形成　　　2　特別区制度 ［第1回東京オリンピック］ 1　首都高速　　　2　環七　　　3　東海道新幹線
局面6 平成時代	［第2回東京オリンピック・パラリンピック］ 1　新幹線 　　・函館新幹線　　・北陸新幹線　　・長崎新幹線 2　リニア新幹線　　3　大震災復興　　4　各種インフラの大補修

（各種資料により筆者作成）

　こうした経緯から、2020年の東京オリンピック・パラリンピックの開催は、再び集中投資を呼び起こし、結果的に、東京一極集中が加速化し、極限に達するのではないかと容易に予想されます。その分、地方へ回る資金は、どうなるのか。こうした事態に地方はどう対応していくのかなど、地方側においても危機感を持った対応が望まれます。

8. 労働分配率を高める ── 分配の構造を変える・その2 ──

　分配面ではいまひとつ、労働分配率を高めて雇用者所得を多くして、消費を増やすことが大切です。消費が増えれば生産を誘発し、経済循環を活性化していきます。

(1) 全国で低位の労働分配率と最低賃金

　図1-6のとおり、県民所得は、県民雇用者報酬、企業所得及び財産所得（非企業部門）から構成されます。この県民雇用者報酬の県民所得に対する割合が労働分配率といわれるものです。この分配率が高くなるということは、その分雇用者所得が高まることになり、それだけ消費に回る分が多くなり、経済の好循環をつくっていくことが考えられます。

　　［注］労働分配率は、県民（国民）雇用者報酬の県内（国内）総生産に対する割合でみることもありますが、ここでは、「県民経済計算」の定義にしたがっています。

［図1-6］県民所得の内訳（P13図1より抜粋）

［図表40］本県と全国の労働分配率の推移

	平成10年度	平成15年度	平成20年度	平成21年度
宮　崎　県	72.4%	69.7%	70.8%	70.8%
全　　　国	74.3%	71.6%	74.1%	74.1%

（「平成21年度宮崎県県民経済計算」より）

[図表41] 最低賃金の推移

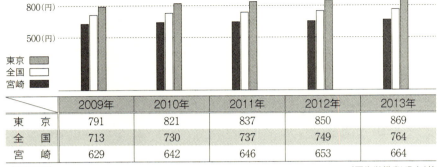

	2009年	2010年	2011年	2012年	2013年
東　京	791	821	837	850	869
全　国	713	730	737	749	764
宮　崎	629	642	646	653	664

（単位：円）　　　　　　　　　　　　　　　　　　　　　　　（厚生労働省HPより）

　本県の場合、平成21年度が70.8％となっています。また、この労働分配率を経年的にみると、**図表40**のとおり、本県は全国に比較して一貫して低い状況にあります。

　本県の労働分配率が全国に比較して低いことは、**図表41**のとおり、最低賃金額の低さと表裏一体の関係にあると考えられます。ちなみに、本県のここ数年の最低賃金額は、全国の最低ラインで推移しています。

(2) 長年の課題克服へ

　この労働分配率の向上や最低賃金の上昇は、本県の長年の課題ですが、企業経営との関係があり、たしかに簡単に実現することではありません。労働分配率は、前ページの図1-6からわかるように、企業所得や財産所得と見合いの関係にあります。県民所得全体が伸びない中で、労働分配率だけを高めても企業所得が縮小するだけで、かえって、我が身を苦しめることになりかねません。

　一方、全国的問題として、雇用労働者に占める非正規労働者の処遇改善が大きな課題となっています。全国の全雇用者数約5,000万人のうち3割強の約1,700万人が非正規の雇用労働者であり、労働者の年間収入額を押し下げる要因となっています。

こうした非正規雇用が増加する背景としては、一般に、次のような点が挙げられています。
- 景気拡大の期待が弱い中では、企業は「人材」を多く抱え込むのをためらい、代わりにバッファーとなる非正規雇用を増やすこと
- 情報通信技術革新をはじめとする機械を背景とした作業の定型化、標準化の進行により賃金水準の低い非正規雇用を増やすこと
- グローバル化に伴う内外生産要素価格の均等化の影響により、輸出産業や輸入消費財と競合する産業を中心に賃金支払総額を抑制すること

――などです。

こうした背景は、本県の経済的弱さと相まって、事態を複雑にしていると言えますが、そのことを嘆いたり、あきらめてしまっているのでは事態は改善しませんし、本県経済活性化は望めません。企業家の皆さんの奮起とともに、そのような現状に挑戦する企業への支援や県民意識の醸成など、行政としてやるべきことがあると考えます。

(3)「従業員満足度」向上と「賢い消費」の促進

労働分配率は、経済が拡大する局面において高めていくことが現実的ではあります。本県においても全国と同様に、まずは、強い経済を実現すべく、これまで述べてきた諸政策をしっかりと実行に移すことが重要と考えます。

ただ、厳しい経済環境の中にあっても、「従業員満足度が顧客満足度につながる」との経営理念のもと、堅実な企業経営を行い着実に利益を挙げ、それを従業員等に還元する「従業員優先の企業経営」を行っている企業が本県にも多数存在することも事実です。

平成26年版「厚生労働白書」では、「労働者の就労意欲が高いと考える企業では労働者の定着率や労働生産性が高いと考える割合が高く、企業の収益性を示す売上高経常利益率も高い傾向がある」としています。

仮に、事業主の理解のもと、労働分配率を高めることができれば、本県

[図表42] 消費性向（県庁所在地、二人以上世帯のうち勤労世帯）

	21年平均
宮　崎　市	83.2
全　国　平　均	74.6

［注］消費性向とは、可処分所得に占める消費支出の割合をいいます。
（総務省家計調査より）

の高い消費性向（図表42）と相まって、資金の市中での流通性が高まり、ひいては、民間最終消費支出の増加要因となり経済の好循環が生まれてくるものと考えられます。

　ただし、もともと本県の民間最終消費支出の生産波及係数は、**図表13**（P33）でみたように、0.932と1を切っており、従来型の消費を繰り返していては、その効果は県外に流出してしまいます。したがって、労働分配率の向上＝賃金上昇による消費拡大という経済循環の課題をしっかりとおさえつつ、消費の効果が県内経済に波及していくような「賢い消費」を進めていく必要があります。

　このためにも、本県の各地域に存在する多様な資源を見つめ直し、前述した経済循環システムの考えに沿って、例えば、宿泊を伴う県内観光をする、本県の特産品をお土産として積極的に消費する、県外の知人を県内に呼び込むなど、県民自らそれぞれの立場でできることを積極的に実行に移していくべきと考えます。

9. 地域ブランドを形成し、「みやざき」を発信していく
―― 宮崎のプレゼンスを高めていく ――

　最後が、総合的な宮崎ブランドを構築し、オンリーワンの県土づくりを行い、宮崎のプレゼンスを国内外に高めることです。
　ここまで、本県の経済構造の分析を踏まえた「政策のかんどころ」について、需要面、供給面、生産面、分配面から見たポイントとその政策の方向性を述べてきました。こうした方向性をひとくくりでまとめると「総合的な地域ブランドの構築」という政策の根源的部分につき当たります。
　「移輸出を増やす」「農林水産業を伸ばす」「本社機能の集積をめざす」といった政策の方向性は、いかに「宮崎の名を高め、宮崎という存在そのものを消費者・実需者に知ってもらうか」、そして、いかに「国内外に宮崎を売り込んでいくか」、いかに「国内外から宮崎に呼び込んでくるか」に尽きます。そうであるからこそ、「宮崎という地域ブランドの形成」という課題に到達するのです。
　宮崎の産業振興にかかわる者の究極の使命は、それぞれ与えられた役割の中で、いかに「宮崎という地域の価値づくり」に努めるかにあると考えます。政策立案者はもちろん企業経営者などの真価が問われる時代が来ています。志を高く持って進む時が来ています。
　ブランド対策はこれまで、特に農産物、水産物、畜産物、林産物等の一次産業の分野で積極的に取り組んできました。ロゴの開発、キャッチフレーズ、包装資材の開発、ゆるキャラの開発、そしてブランドたるにふさわしい品質の確保等々です。
　宮崎という地域ブランドを高め、人と物の交流拡大を図り地域経済を活性化させる、その大きな柱が農業をはじめとした一次産業とそれらが根付く農山漁村の地域社会です。記紀編さん1300年を好機ととらえ、今一度、

「宮崎という地域のなりたち」を歴史面、文化面など多様な視点からとらえ直して、県民みんなが本県の魅力を再認識し、文字どおり県民一丸となって宮崎を売っていくという取り組みを強化する必要があります。

そのための具体的手法として、いくつか提案したいと思います。

(1) イメージカラーを創る

県の花、県の木、県の鳥があるように「県の色」があってもおかしくありませんし、むしろ県の色を積極的に打ち出し、農産物の販売に限らず、サッカーや駅伝といったスポーツ応援などに統一感を持ってPRしていくことが本県のイメージアップにつながると考えます。

「熊本県と鹿児島県は相次ぎ、イメージカラーを掲げた農産物の販促キャンペーンを展開する。熊本県は『赤』で、鹿児島県は『黒』。県産品を消費者に分かりやすくアピールし、知名度アップや消費拡大を狙う」と報道されました（平成25年1月17日付日本経済新聞）。

報道によれば、「熊本県は、阿蘇のあか牛や生産量日本一のトマト、スイカなどにちなんだ『赤』を前面に出し、展示会やイベントでコーナーを設ける」。また、「鹿児島県と観光関連団体などで構成する観光かごしま大キャンペーン推進協議会は、県産の黒毛和牛や黒豚といった『黒』にまつわる農産物などの販促キャンペーンを展開する。」とあります（同上）。

宮崎県の温暖な気候は、ひとえに黒潮の恵みです。従って、「黒」も一つのアイデアですが、鹿児島県に先手を取られてしまいました。では、何色を使えばいいでしょうか。「青」い空と海。「緑」の山々。ジャイアンツの「オレンジ」でしょうか。あるいは、太陽の「白」色か「黄」色でしょうか。県民歌や県章を決定したルールに沿って、県民総意でイメージカラー作りに取り組んではどうでしょうか。

(2) 農業を牽引車として、地域全体の価値づくりを行う

　全共連続日本一に輝いた宮崎牛が本県農業を牽引し、農業が他産業を牽引し、これら産業と穏やかな県民性、自然環境、多様な文化や歴史とが相まって宮崎という地域全体の価値が高まる、このような好循環を生み出していく必要があります。

　そのためには、まず、「宮崎牛物語」というストーリーを、わかりやすく徹底的に展開する必要があります。宮崎牛の大もとである「安平」や「美穂国」などのスーパー種雄群と優秀な雌牛群、他県にまねのできない飼養管理技術、県内一元の管理体制などについて県民みんなが共通理解できるような資料を作成し、あらゆる場面で配布し、PRしていくことです。併せて、宮崎牛という食のお供としての県産野菜や果物、花、水産物などを一体としてPRしていく必要があります。これが、「宮崎牛が本県農業を牽引」することの意味です。

　もう一つの日本一となった鵬翔高校のサッカーや延岡学園高校のバスケット、都城工業高校のバレーなどスポーツ分野ではある程度、PRができる体制が整いました。もう一つ豊かな神話と神話から派生してきた神楽や郷土芸能など文化面で日本一といえるものが望まれます。

　産業、スポーツ、文化、これら三つがいわば錐となって県全体をつり上げていくイメージ、これが、「穏やかな県民性、自然環境、多様な文化や歴史が相まって宮崎という地域全体の価値が高まる」ことの意味です。

(3) 小藩分立意識からの脱却を図る

　2012年は、古事記編さん1300年に当たるということで、ここを起点に、日本書紀編さん1300年にあたる2020年までの9年間にわたって「記紀編さん記念事業」として様々な事業が展開されています。特に平成25年は、鹿児島県から分権を果たした1883年から数えて130年目ということで、置県

130年にちなんだ各種記念事業が開催されました。

　一方、鹿児島県霧島市が2013年を「大隅国建国から1300年」としてPRしたことは本県ではあまり知られていません。もともと薩摩、大隅は日向国から分離していった経緯があります。薩摩は702年、大隅は713年です。置県130年ということであたかも本県は鹿児島県から分権をしてもらった分家（弟分）で、鹿児島県は本家（兄貴分）であるかのような錯覚を県民が起こしているとしたら、いささか不幸ではないでしょうか。事実は逆です。

　江戸時代に小藩分立国であった本県は、明治維新及びその後の国づくりに顕著な役割が果たせなかったためにこのような理解となっているのだと考えられます。その小藩分立も元をたどれば豊臣秀吉の分割政策に行き着きますが、今一度、702年と713年の経緯に思いを起こし、「日本のふるさと」としての誇りを県民が取り戻すべきです。

(4) 世界中にネットワークを広げる（世界地図に宮崎を記す）

　ICT社会（高度情報通信ネットワーク社会・総務省）下にあっても、人的ネットワークは欠かせません。国内外に数多くの宮崎ファンがいます。その代表例が、県人会、市町村人会、高校等の各種同窓会です。

　宮崎という総合的な地域ブランドは、現に宮崎県に居住している県民だけの問題ではありませんし、また、それだけで築き上げられるものでもありません。宮崎県を愛する県内外の人々の問題です。

　インターナショナルな「宮崎県人会世界連合会」なる組織を立ち上げ、ネットワークの強化を図り、「世界地図に宮崎を記す運動」を展開することを提案します。

　宮崎県民及び宮崎にゆかりのある方々の総動員によって、宮崎の存在（プレゼンス）を高めていくことが、地方分権、大競争時代における宮崎県の生き残る道筋ではないでしょうか。強力なリーダーシップが求められます。

第 3 章

県民一丸となって、地域の価値をつくり、循環を高めよう

政策形成の心構え

はじめに

　第1章から第2章にかけては、本県経済の需要や供給・分配の構造とその連関を分析し、考えられる取り組みの方向性について述べてきました。これらの取り組みを実行に移し、目に見える形で力強い宮崎経済を作り上げていくためには、消費者であると、同時に生産者である県民一人ひとりの主体的取り組みが必要不可欠です。

　特に、人口減少に直面し、将来的には消滅するおそれのある市町村の存在も危惧される状況下では、県民一人ひとりが自らの問題として認識し、自分にできることは何かを問い、それを実行に移すという粘り強い姿勢が求められます。

　具体的な行動については県民の皆さんそれぞれにお考えいただくとして、この章では、筆者が35年間お世話になった宮崎県庁での経験から、自治体行政に携わる後輩の皆様へお伝えしたいことを中心に、あわせて県民の皆様、とくに現場で宮崎の経済浮揚を担っておられる中小企業の皆様に述べてみたいと思います。

1. ふるさとへのたゆみない愛情をもって、地域の価値を創る

(1) 地域の成り立ちを知る

　宮崎県の・地域の発展は、ひとえに、自治体職員の政策形成能力にかかっていると言っても過言ではありません。「地方自治体のなすべきことは、地域の将来について、どのようなことを政策として行うべきか、その枠組みを関係者の合意を調整しながら構築すること」(「自治体のマネージメント」田尾雅夫著)であると言われております。県庁職員には、その果たすべきミッションとともに、ひときわ大きな期待がかけられています。
　自治体職員の究極の使命は、それぞれの与えられた役割の中で「宮崎県およびそれぞれの地域の価値づくり」に努めることにあると考えております。
　組織には、それぞれ与えられた役割・使命があります。その使命・役割をしっかり果たすことが宮崎県およびそれぞれの地域の発展につながるものと考えます。言い換えれば、それぞれの組織の中で、仕事に全力を投入して組織の力を高め、その高まった組織が結びついて、窮極の目的である住民福祉の向上につながっていく。このことは、宮崎県民・住民一人ひとりが「宮崎という地域で、生活し、生き続けることの意味」をみんなで考えること、すなわち、「宮崎という地域の価値づくり」に努めることだと考えています。
　そのためには、宮崎県という地域・それぞれの地域への限りない愛着・愛情が必要となります。しかしながら「人は、知らないものは愛せ」ません(宮崎公立大学　中別府　前学長)。したがって、県民一人ひとりとして私たちがなすべきことは、まず宮崎県という地域・その中でのそれぞれの地域の

なりたちを大まかに知ることです。

　宮崎県は、豊かな神話に彩られた古代があります。また、薩摩、大隅は702年、713年にそれぞれ日向国から分離した経緯があります。こうした歴史を知っておれば、「日薩隅三州の太守」と呼ばれた伊東義祐のスケールの大きさも自ずと理解できるというものです。さらに、江戸時代の小藩分立、廃藩置県と分権の明治初期、そして激動の昭和期等々。こうした歴史と人為的に区分けされた行政区域、帰属意識とが複雑に絡み合って今日の宮崎県を形作っているのです。

　知ることで地域の持つ歴史、自然、豊かな人情の総体としての「なりたち」への認識が一層深まり、愛着と誇りが生まれると考えます。

(2) ふるさとへのたゆみない愛情をもって

　与えられた役割の中で、何をなすべきか、何が期待されているか、常に意識を高く持って仕事を進めていく必要があります。与えられた仕事をしっかりと遂行していくことで「宮崎の価値づくり」に貢献していくという心構えが必要です。まさに、地域経済循環システムで述べた三つの視点（地域に今ある資産を活用する、地域の資産の流出・毀損を防ぐ、地域の資産を創り出す）を念頭に置いて取り組むことが重要と考えます。

　やはり、政策形成能力の基盤は、ふるさとへのたゆみない愛情です。

　繰り返しになりますが、宮崎県という区域は、あくまでも、人工的に創られたものです。県境をみると、北は大分県に接し、西は熊本県、南は鹿児島県に接しています。県境はあくまでも人為的に線引きされたものであって、特に県境に位置する地域は、宮崎県に属する必然性はないわけです。大分県でも、熊本県でも、鹿児島県でも良かったのです。明治16年に鹿児島県から分離する際、志布志、大崎、松山の三郡は引き続き鹿児島県の管轄とされたことからも明らかです。しかし、たとえ人為的に線引きされたとはいえ、県庁で会議や大会があればわざわざ遠く宮崎市まで来ていただける、宮崎県知事選挙があれば投票所に足を運んでいただける、「な

ぜ大分県や、熊本県、鹿児島県の知事選挙に投票権がないのか」という声は、つい聞いたことがありません。ありがたいことです。

　行政に携わる者は、こうした県境の人々をはじめとする地域の人々の宮崎県への帰属意識を当然視することなく、当たり前のことと考えることなく、宮崎への帰属意識を大切に感じ、そこに暮らす人々の息づかいや生活ぶりを想像しながら、政策立案にあたっていくべきだと強く思います。

(3) 現場に通い現場で検証する

　ふるさとへのたゆみない愛情は、こうした帰属意識への尊崇と中山間地域の生活の厳しさという現実を直視することで生まれてくと考えます。現場である地域へ出向き、いきいき集落をはじめ地域の営みに直接触れて、肌で感じることが大切です。

　その上で、その政策形成能力を磨くためには、個々の施策レベルにおいて、現場の抱える課題や本県の置かれた諸条件に照らした時に、有効な施策であるかどうか常に検証をしていくことが必要です。常に考え続ける自覚的な姿勢が求められます。

　　例えば、フードビジネスを例に取ってみますと、
① 1 兆2,586億円を 1 兆5,200億円に増加させた場合、農家や商工業者等の所得向上にどう結びつくのか
② そのストーリー・シナリオは本県の経済構造を踏まえた場合、説得力あるものになっているか
③ そのストーリー・シナリオを実現するために果たすべき農家や商工業者等の具体的な姿がイメージできているか
④ そのために、足繁く現場に通い現場の姿を肌で感じ取る地道な努力がなされているか
などです。

　こうした自覚的な姿勢によって、政策に魂を込め、政策の推進力を高めていく必要があります。

2. 組織の知恵を高めよう

　政策形成で次に大切なのが、個人と組織の関係を認識し、生かすことです。
　「組織の中に膨大な資源が集められているが、その多くは浪費されている」(『ドラッカー時代を超える言葉』上田惇生著)のが、現状です。研修や自己啓発によって職員個人の「知」を増やすことは当然ですが、増やした個人の知を「暗黙知」のままにしておくのではなく、「組織知」にまで高める必要があります。
　「暗黙知」を「組織知」にまで高めるためには、最終的には、「見える化」し、その知を引き継ぐことが重要ですが、その前提としていくつかのことを指摘しておきます。

(1) 基本技術の徹底

　１点目が、基本技術の徹底です。
　基本技術の第一は、仕事をする上での基本ルールです。それは、「嘘をつかない」、「人に親切にする」、「ルールを守る」、「あいさつをする」という、どこの組織においても求められる基本的なものです。これらのことがおろそかになると組織としての体をなさなくなります。簡単なことのようですが、意外と難しいものです。不祥事の多くは、この基本動作と深くかかわっています。だからこそ、徹底する必要があります。
　基本技術の第二は、「基礎数値を頭にたたき込む」ことです。記憶は、あるときには、強力な「武器になり」(東国原前知事)ます。

(2) 現場に出向く

2点目が、現場に出向くことです。

繰り返し言われていることですが、ニーズ、シーズは現場にあります。現場に根ざした政策でなければどんなに立派なものでも空回りしてしまいます。厳しい財政状況に鑑みますと、このような空回りは許されるものではありません。

(3) つながりの意識を持つ

3点目が、つながりの意識を持つことです。

政策のポイントは、「つながり」と「継ぎ目」にあると考えております。また、「つながり」と「継ぎ目」に問題は隠れていると思います。

例えば、1kgの牛肉を作るためには、11kgの穀物が必要です。11kgの穀物を育てるためには、11トンの水が必要とされます。日本では、毎年50～60万トンの牛肉が輸入されていますので、見方を変えれば、55～66億トンの水を輸入していることになります。「瑞穂の国」といわれるほど水の豊富な日本において、世界中から大量の水を輸入していることになります。このことは、果たして許されることでしょうか。農産物輸入の本質を考えるきっかけになります。

和牛の肥育においては、300kg程度の子牛を購入して、約20カ月間、800kg程度まで肥育して枝肉市場に供出するわけですが、1kgの牛肉を作るために11kgの穀物が必要であるということは、約5トンの穀物を与える必要があるわけです。穀物価格を、1トン当たり6万5千円としますと、飼料代だけでも32万5千円となります。これに、子牛購入費として45万円、肉用牛生産費（労働費）として約7万2千円を加えると、84万7千円となります。この金額以上で売却できないと再生産可能な経営としては成り立たなくなります。肥育経営のあり方を考えたり、施策の芽をつかむきっかけ

になります。

　[注] 仮に肉用牛生産費が不明であっても、1時間当たりの最低賃金額677円（平成26年）に、一日当たりの労働時間を掛け、肥育期間である20カ月分の日数を掛け合わせ、飼養頭数で割ることで概ねの生産費は計算できます。

(4) フローとストックで考える

　4点目が、フローとストックで考えることです。
　政策をフローとしてとらえた場合、フローという流れによどみはないか、フローという流れを勢いづける方法はないか、常に意識しておく必要があります。
　また、ストックはしっかりと管理されているか、しかも、価値あるものとして管理されているかという視点、さらに、ストックが新たなフローを呼び、フローがストックの価値を高める好循環が生まれているかという視点も重要です。
　職員に例えて言いますと、退職職員や新規職員がフローであり、在職職員がストックです。毎年、100人程度の職員の新陳代謝が行われていますが、そのことで、知識が引き継がれ、現役職員総体の資産価値が高まっていることが重要です。また、個々の事業で考えますと、前事業の効果や課題がしっかり分析されて、新しい事業に引き継がれているかどうかです。

(5) 視野を広くもつ

　5点目が、視野を広くもつことです。
　絶え間ない自己啓発に努めることはもちろんですが、より効果的な施策を考えるためには、時代の流れ、ニーズの変化を敏感にとらえる魚の目と、現場の実態や課題を細かくとらえようとする虫の目、全体の中での位置づけを考える鳥の目が必要です。これをより即物的にいえば、自分の職位より2階級程度上の立場になって考えることが効果的です。

担当者であれば主幹の立場になって、主幹であれば課長の立場になって、課長であれば部長の立場になって考えることが、視野を広げる有効な方法です。時には、知事の立場になって考えることも必要です。また、幹部職員は、業際間に気を配ることが重要です。

(6) ちょっとちがうを大切にする

6点目が、ちょっとした「違和感」「気づき」を大切にすることです。
　これは、即効的な方法があるわけではありません。公認会計士が書類をちらっと見ただけで数字の間違い等に気づくようなものです。基本的には、自分で学んで身につけるしかありませんが、若い時代に、資料を丁寧に読み込んで頭の整理をしておくという地道な努力が必要です。
　ここで筆者がお勧めしたいのが、図解の活用です。
　図解資料の作成方法は、例えば、
　・登場人物をピックアップする
　・ピックアップした人物を○で囲む
　・○で囲んだ人物間を、線や矢印で結ぶ
　・空白部分に線や矢印の意味等を書き込む
　ことで、作ることができます。
　きわめて簡単です。しかし、その効果は絶大です。10枚の文字資料より、この1枚の図解資料の方が、全体像が、つながって理解できます。また、関係者の共通認識が一層深まります。
　ここで、筆者が描いた図解の例を1つ紹介します(図表43)。現在、県が進めているフードビジネス振興構想を筆者なりにイメージ化したものです。
　現在の農林水産物の大部分は、生鮮食料品として県内又は県外に出荷されており、加工品向けとして直接県内に出荷されている割合は少ないと思われます。これを将来は、県内の加工品向けに直接出荷される割合を大きく増やすことで農林水産業と県内食料品製造業とのウインウインの関係を築いていくことを大きな目標とします。

[図表43] フードビジネス振興構想のイメージ図（筆者作成）

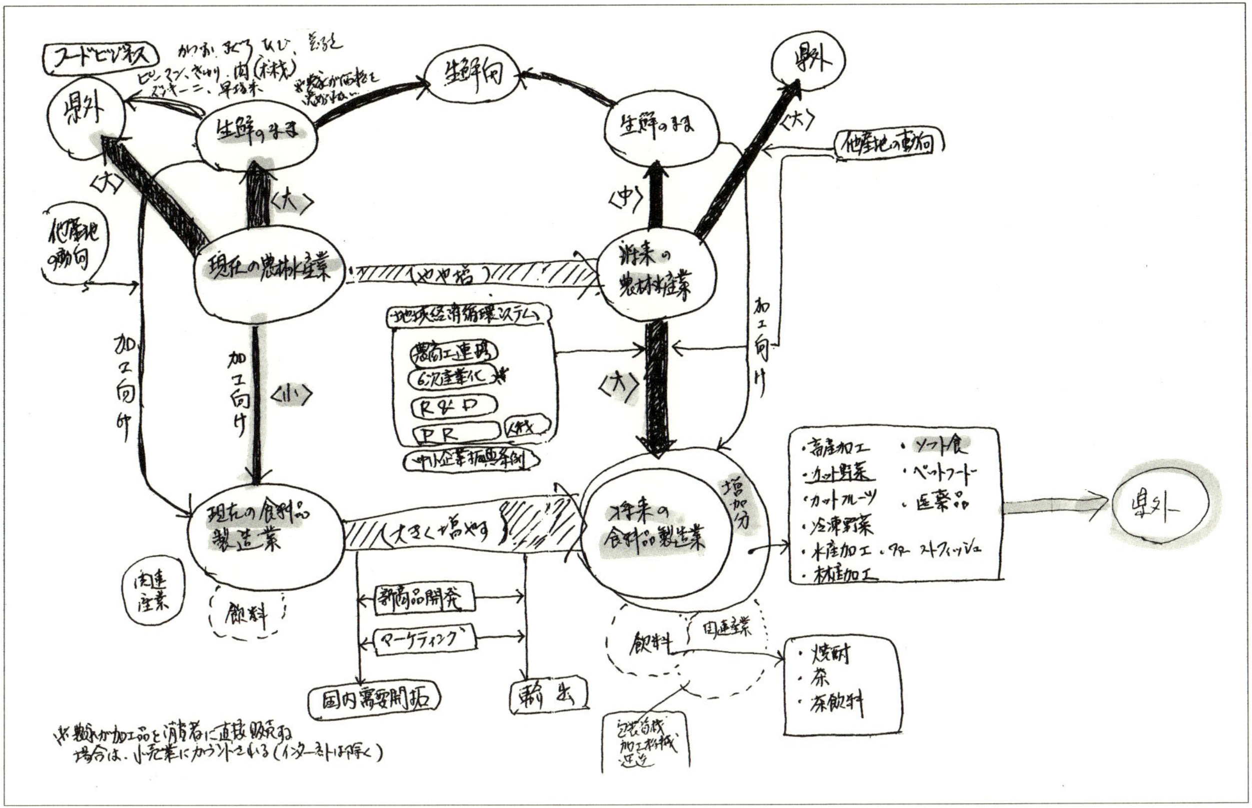

その関係構築のカギとなるのが地域経済循環システムを念頭に置いた農商工連携や６次産業化であり、その推進のための研究開発やPR戦略、人材育成です。
　こうした関係構築によって生み出された製品（畜産加工品、カット野菜、カットフルーツ、ソフト食、ペットフード、医薬品など時代ニーズを踏まえた新たな分野への挑戦から生まれる商品）を国内外に積極的に販売していく、このようなイメージを描いてデータを収集し、関係者が徹底的に議論することで現状と目標とのギャップである課題に対する共通認識を深め、その対策を考えていく、このような取り組みが政策形成の現場では求められているのではないでしょうか。
　図解作成に当たっては、当初から細部を詰める必要はありません。まずは、全体を「見える化」することによって、関係者の共通認識を深め、「気づき」を誘うことが大切です。
　また、ノートやメモの取り方も仕事を効率よく処理するため、また、基礎数値を頭の中にたたき込むために重要な手法です。筆者はもともとノートやメモの取り方は苦手でした。秘書広報課長としてつかえた東国原知事が、ズボンの後ろポケットや背広のポケットにすっぽり入るＡ６サイズのノートに、レクを受けながら熱心にメモをされるのを見て、自分なりの方法でやってみようと、同じくＡ６サイズのノートに、経済データをはじめ仕事に使えるデータや言葉を書き留めてきました。現在、13冊目となっています。また、上司から指示されたこと、部下に指示したこと、知事に報告すること、作業予定などを書き込む雑記帳代わりのノートが24冊目となっています。スクラップとして、スクラップ帳などに貼り付けていく方法は、年月が経過するにつれて分厚くなり、収納や整理に苦労します。Ａ６サイズのノートに書き残すことで必要最小限のデータを選別することになりますので、頭の整理にもなります。
　いろいろな人のやり方を学んで、工夫を加えて、自分なりのノートやメモの取り方を身につけることも仕事を漏れなく、スムーズに進めていく上で必要なことです。

[図表44] 私のメモの取り方の変遷（筆者作成）

	昭61	平4	平12	平14	平17	平19	現在
メモ雑記帳	←　　　メモランダム、リースントメモ　　　→					←　キャンパスA6　→	
データなど		←メモランダム→ ←ハンディピック→				←　キャンパスA6　→　ツバメA4白	
講演 読書 考え方など				←キャンパス→ A4白	←ツバメ→ A4白		

　[注]「メモ」は、自分のto・doリストとして活用しているもので、仕事に絡んだ電話先、指示や報告内容、私的な備忘録も含め何でも書き留めておく雑記帳。現在、24冊目。

　「データ」は、農業（総論、耕種、畜産、水産などに関する様々なデータ）、経済（各国のGDPや雇用のデータ、賢者の言などを記録）、監査や総合交通体系などに関する様々なデータをA6のノートに記録したものと新聞の図表をA4のノートに切り張りしたもの。キャンパスA6が14冊目、ツバメA4が20冊目。

　「講演・読書・考え方」は、講演内容や読後のポイントなどを原則、見開き2ページに整理したもの。ツバメA4が2冊目。

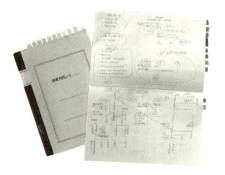
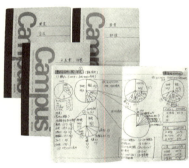

右上／「データ集」の一部で、掲載ページは、農林水産物の輸入状況をグラフにしたもの

左上／「講演・読書・考え方」の一部で、掲載ページは、日向三代までの古事記の系図を整理したもの

左下／同じく「講演・読書・考え方」の一部で、掲載ページは「TPP亡国論」（中野剛志著）を整理したもの

第3章 県民一丸となって、地域の価値をつくり、循環を高めよう　103

　こうした手法によって、「違和感」や「気づき」が生まれることもあります。
　ここで筆者がこれまでに試みた「メモの取り方」を注意書きとともに紹介します。

(7) 歴史、他事例に学ぶ

　7点目が、過去の歴史、他事例に学ぶことです。
　これもよく言われることです。政策は、社会実験できません。効果があるかどうかは、データ等で一応の裏付けはとってあっても、成功するかしないかを予め知ることはできません。したがって、先人が残したメッセージに耳を傾けることや他県の成功事例を分析することが重要になってきます。ただここで忘れてならないのは、「成功事例」の単なる「模倣は、同じものをより多く提供する量的競争となり、結局は条件が有利なところ、規模の大きいところが勝利を収めることになる」(林宜嗣教授、平成26年1月27日付日本経済新聞)ということです。
　したがって、過去の歴史、他事例に学ぶということは、「その地域における生活を本質的に豊かにしているものは何か」(宮副謙司、平成25年9月23日付日本経済新聞)、それを「どのようにして定着化」(同上)させているかを知ることにあると考えます。

(8) 情報の共有

　8点目が、情報の共有です。
　自己啓発で培われた個人の知恵(暗黙知)が、図解等によって「見える化」され、「組織知」として高められることで情報が共有される、あるいは、日々細かな報告・連絡・相談(ホウレンソウ)が組織内で行き交うことで情報が共有される、このような良い組織ができあがることは、県民福祉の向上という究極の目的を達成するために不可欠の条件です。

3. 中小企業の皆様への期待

　私事で恐縮ですが、筆者は、県庁入庁後五年を経過した後、今から遡ること三十年前の昭和59年度、60年度の二年間、通商産業省へ出向を命ぜられました。配属されたポストは、中小企業庁計画部計画課地域中小企業振興室地場産業振興係長という大変長い名称のポストでした。係長とは名ばかりで、部下のないたった一人の係長です。資料の作成やコピーなど何もかも一人でやらざるを得ず、おかげで仕事の進め方や厳しさを学びました。また、宮崎という地域を強く意識し始めたのもこの頃でした。

　与えられた仕事は、一年目が、都道府県が作成する地場産業振興ビジョンや第三セクターが建設する地域中小企業の活動拠点となる「地場産業振興センター」の建設のための補助金交付業務でした。二年目が、これらの業務に加えて、中小企業事業転換対策臨時措置法の期限切れに伴う「特定中小企業者事業転換対策等臨時措置法」の法律制定作業でした。

　詳細は、別の機会に譲りたいと思いますが、この二年間、中小企業の皆様をはじめ中小企業指導団体の職員の方々、都道府県や市町村の政策立案担当者など数多くの方々との出会いがありました。都道府県の職員の方をはじめ、東京都墨田区や大田区、石川県輪島市、富山県高岡市、岩手県久慈市、大野村、山形県長井市、酒田市、静岡市、熊本県阿蘇町などの中小企業者の皆様や市町村の担当者の方々です。

　当時の中小企業論は、大企業との格差論から脱却し、中小企業を日本経済に不可欠な意味ある存在として認識し、前向きの役割を与えていこうというものでした。その先導的役割を果たしたのが、80年代の中小企業ビジョンを描く「中小企業の再発見」という書物でした。

　少し長くなりますが、その一部を引用しますと、まず、「序」において、「中小企業は、これまでも持ち前の創造性と機動性の発揮によって幾

多の試練と困難を乗り越えてきた」、また、「ビジョン作成にたずさわって」では、「日本経済の中で果たしてきた役割と成果とは、一般的に考えられる状況よりはるかに重要かつ良好であった」「80年代における中小企業の姿を、日本経済における必要悪というような消極的なものではなく、日本経済の重要な分野を積極的に担っていくものとしてとらえ直した」「80年代の中小企業がただバラ色だ、と考えたわけではない。積極的な役割の背後には、それにこたえていく責任があるのであり、その責任を果たしていくためにはそれを可能にする努力がなければならない、ことはいうまでもない」(以上、「中小企業の再発見」昭和55年7月発行)とあります。

全産業386万社のうち99.7％を占める385万社に及ぶ中小企業の日本経済における存在と役割は、三十五年を経過した現在においても、いささかも変わることはありません。

このことは、宮崎県においても同じです。事業所数で99.9％を占める中小企業。県内産出額6兆円の相当部分を中小企業が担っているのです。「イノベーションによる新たな需要の創出、そして需要の拡大、このことが生産を活発化させ、企業の収益力を高め、ひいては雇用の拡大につながり、消費の増をもたらす」という経済の好循環を生み出すためには、中小企業の存在抜きには語れないのです。

筆者は、平成26年3月に県庁を退職し、現在、公益財団法人宮崎県産業振興機構に勤務していますが、4月以降、多くの中小企業の皆様と出会う機会に恵まれました。中小企業の皆様への期待を今ほど強く感じている時はありません。高い志と熱い情熱をもって社業にまい進していただきたいと思っています。

附章　こんなこともできるのではないですか

　締めくくりとして、第二章で述べた宮崎県における産業政策の方向を踏まえて、以下に、具体的な施策の方向（提案）をとりまとめましたので、参考にしていただければと思います。

1　移輸出を増やす

①移輸出の意義を理解し、総力戦で取り組む。
- 県外の旅行者等が県内で消費するホテル代、交通費、土産品代等も移輸出に含まれる
- （外国を含む）県外に、県産品を売っていくこと
- 最も厳しい戦いだからこそ、県民総力戦で取り組む必要

②最終需要のうち、生産誘発係数の高い分野で需要開拓を図る
- 飲食料品、電子、化学、運輸、畜産、耕種農業など
- 人口減少による市場の縮小圧力に対応するため抜本的かつ強力なテコ入れが必要

③時流を見据え、本県の得意分野を生かした新商品を開発する
- 確実に増える高齢者（しかも後期高齢者）
- 高齢者にやさしい食べ物の開発（高齢者ソフト食の開発など）、介護商品など
- 農林水産物を活用した「土産品」（東京オリンピックを見据えて）

2　地域経済循環システムを構築する

(1) 移輸入されている財貨・サービスを本県産に置き換える
　　（広い意味での地産地消）

①移輸入の実態把握
- 県民が他県で消費するホテル代、交通費、土産品代等も移輸入に含まれる
- かつお、マグロも県外漁港に多くを水揚げ
- スーパーの店頭に並べてある他県産の農林水産物の実態と代替可能性
- 焼酎の原料である米や甘薯の県産品への代替可能性
- その他食料品の原料等の県産品への代替可能性
- これら製品のパッケージ、デザイン、輸送等の県内業者への代替可能性

②生産側と需要側とのきめ細かなマッチング
- 上記のような代替可能性について、生産側と需要側とのマッチング
- 代替可能性を高める研究開発

③港湾の利用
- 製材品、太陽光パネル、自動車タイヤなどは、他県の港湾から多く移輸出

- ハード面だけでなく、ソフト面での港湾利用の課題分析・対応
- 沖縄県の那覇空港の物流ハブ拠点としての取り組みを参考に

④修学旅行を県外から県内に転換
- 県内の小中学校の修学旅行は、全て県外
- 北は南に、沿岸部は山間に　など県内への誘導

⑤100万泊県民運動の取り組み
- 宮崎県民は、他県民に比較して、県内の宿泊所を利用する割合が低い
- 他県で宿泊する1泊分を本県で
- NPO法人等が運営する「ココロクルギフト」等との連携

(2) 地域資源のフル活用

①廃校跡地
- 小中学校等の廃校により、資源が活用されない状態がある
- 福祉施設、研究施設等の活用例は見られる
- 長野県泰阜村、徳島県上勝町、宮城県川崎町などの取り組み

②豊富な水資源
- 全国6位の賦存量
- 外国資本が山林を購入するケースがある → 水の確保
- 本県の中山間地域において、雇用をつくり、所得を稼ぐ大きな道
- 椎葉村の「母ちゃ〜ん水」の取り組み
- 長野県安曇野市の地下水保全の取り組み

③退職県庁職員
- 多様な才能を持つ退職者の集まりである「庁友会」
- NPO法人化して、ソーシャルビジネスのモデルを

④地域づくり団体
- 約200の地域づくり団体
- 各団体とも、熱心に活動。地域への愛情と誇り。大いなる危機意識
- 活動の存在をさらにPRし、地域づくりの核に

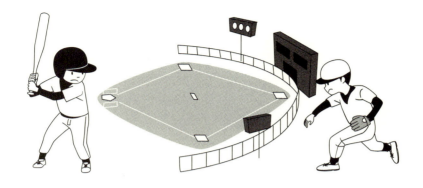

⑤黒潮と海洋開発
- 本県に恵みをもたらす大きな要因は、太陽と黒潮
- 昭和61年度に、海洋開発ビジョンを策定
- ミクロネシアからフィリピン海を通って、千葉県沖まで流れる黒潮
- 黒潮に関係する地域からなる交流圏を構築する
- 太平洋島サミットの誘致にも寄与する

⑥ダークツーリズムの可能性検討
- 1990年代に始まる
- 広島、長崎、水俣、福島第一原発などを観光地化しようとする動き
- 口蹄疫埋却地、口蹄疫メモリアルセンターなどを候補地に

⑦「草野球ツアー」の誘致
- ダンロップフェニックストーナメントの終了後のゴルフコースは、アマチュアの羨望の的
- 同様に、プロ野球選手がキャンプを張った野球場(サンマリン、生目球場など)を舞台に、草野球チームを全国から誘致する。
- 徳島県阿南市に例あり(電光掲示板や、ウグイス嬢付き)
- 民間での取り組みをバックアップ

⑧美術館・博物館巡りの統一チケットの販売

- 東京都内の美術館等を回れる「ぐるっとパス」がある（2,000円で、2ヶ月間有効。75館が、無料または、割り引きで鑑賞可能）
- 県内の美術館、博物館、画廊などと宮交バスとの提携

(3) 地域資源の流出・毀損を防ぐ

① 若者流出の防止
- 年間2,000人程度の人口が県外に流出
- 15歳から24歳までの若者では、3,000名を超える。本県の人口の社会減の大きな原因
- 公立小中高までに要した教育等の一人当たり経費は、500万円。高卒者の1,300人が県外に就職。約60億円の資産が流出。
- 大学進学の状況を見ると、県内から県外大学へ3,350人、県外から県内大学へ1,250人、差し引き2,100人の流出。県外大学にかかる一人当たり費用が4年間で約800万円。単純計算で、4年間で、約670億円の所得が流出
- 若者に魅力ある雇用の場の確保と高等教育機関の充実

② 県立看護大学校卒業生の活用
- 卒業生の3～4割が県内に就職。
- 年間約10億円の予算をかけて育成した看護学生の6～7割が流出。

③ インフラの長寿命化
- 橋・トンネルなど高度成長期に建設したインフラが、老朽化。
- 多額の経費が想定。
- 「対症療法型」から「予防保全型」へ。
  橋梁の場合、今後100年間で、約5,200億円の効果。（7,500 — 2,300 = 5,200億円）

④ 人工妊娠中絶の防止
- 年間2,000人を超える人工妊娠中絶。（全国上位）
- 仮にこれを、ゼロにできれば、合計特殊出生率は、大きく改善。
- 特別養子縁組制度の充実

⑤自殺の防止
  ・本県の自殺者は、約300人。(全国ワースト5位内)
  ・人間の尊厳の回復。

(4) 地域経済循環システムの特区申請

  ・上記の考えをベースに特区構想の指定をめざし、次の課題を解決する。
  ・狩猟免許更新の緩和、トムワトソンクラブハウスの活用、畜産用水の活用、マイナー作物の農薬登録、職業紹介の緩和

3　比較優位な農林水産業を伸ばす

  ・農業の県経済に占める特化係数は、全国1位
  ・この比較優位な産業を県土づくりの基本に据えることが重要
  ・また、世界的規模でみても、人口の急増、砂漠化・耕作地の減少などにより、食糧生産の必要性
  ・農業技術者の確保と農業技術の継承
  ・クリティカルマス突破を狙った徹底的なPR戦略

4 製造業間の連携を強め、歩留まり率を上げる

①サプライチェーン型の工業集積を目指す
・本県の工業は、単発型が多い（メーカーがほとんどない）
・機械金属加工や金型技術の高度化を図り、技術の幅を広げる
・福岡県の「次世代自動車詳細分析構造推進事業」を参考に
②誘致企業のフォローアップ
・県内企業の実態把握
・京都府の「京都版エコノミック・ガーデニング事業」を参考に

5 本社機能の集積を目指す

①各本社企業のフォローアップ
・宮崎カーフェリー、SNA、航空大学校など本県に本社を置き、全国展開している企業に対し、きめ細かなフォローアップ
②強力な誘導策
・北海道の「本社機能等移転促進事業費補助金」
③開業率を高める
・税、融資による誘導策
・福岡市は、開業率全国一を目指している
③女性起業家の育成
・本県の社長に占める女性社長の割合は、全国に比較して高い（全国24位）進取の精神あり
・女性のきめこまやかさは、新商品開発にも生かせる
④州都の誘致
・本社機能の窮極の姿は、州都と皇室
・州都の誘致に向けた取り組み
⑤皇室の避寒地として
・「日本のふるさと」である本県に皇室の避寒地を

・シーガイアの日の出を売りに

6　労働分配率を高める

- 本県は、全国に比較して、労働分配率が低い
- 本県は、消費性向が高いので、労働分配率を高めれば、より消費に回りやすくなる。（雇用主の理解が必要）
- ただし、県内経済の循環を高めるような賢い消費をする必要

7　総合的な宮崎ブランドの構築

①イメージカラーを作る
- 本県は、イメージカラーがバラバラ。青か緑かオレンジかはっきりしない
- しっかりとした戦略性のある「ロゴ」を作る
- 鹿児島県は「クロ」、熊本県は「アカ」で売り出し

②農業を核とした地域の価値づくり
- 本県における農業の意義を理解
- 宮崎の物語（安平号、地頭鶏、マンゴー、スウィートピー物語）

③小藩分立意識からの脱却

- 宮崎の歴史、「みやざき」の由来、なりたちをわかりやすく紹介したハンドブック作成
- 置県130年のみならず1300年前の歴史をしっかり紹介。薩摩国、大隅国は日向国から分かれた（薩摩：702年、大隅：713年）。
- 日本のふるさととしての誇りを取り戻す。

④世界中にネットワークを形成（宮崎県人会世界連合会の結成）
- 国内外の宮崎県人会を構成メンバーとする「宮崎県人会世界連合会」を結成する
- この組織をキーステーションに、県産品の販路拡大を図る
- 国民文化祭に合わせて、同世界大会を開催する
- 福岡県に例あり

⑤海外メディアの活用
- BBC放送やNHKワールドなど海外向けメディアを活用し、宮崎県の魅力を国内外にPR
- 沖縄県がBBC放送に広告

⑥ ヤクルト世界大会の誘致
- 約2,600人のヤクルトレディが参加（うち海外から600人）
- 本県は、ヤクルト球団のキャンプ地
- 元ヤクルトの青木選手は、本県出身

⑦東京オリンピックの聖火リレーの起点を再び宮崎に
- 1960年の東京オリンピックの聖火リレーの起点の一つが平和台公園
- 県議会が意見書を採択し、文部省に提出し、実現した経緯
- 「オリンピック東京大会聖火リレー起点誘致について」
    （宮崎県県議会議長清山芳雄発、文部大臣荒木万寿夫宛）
- 昭37.5.13意見書採択、同5.29送付、同6.6文部省受付
- これを契機に、平和台公園と日比谷公園が姉妹公園となった
- 記紀編さん記念事業の締めくくり事業の一環として

⑧東京オリンピックを契機に、県内フローとストックの総点検

附章　こんなこともできるのではないですか　115

- オリンピックは、真夏の7月24日に開催
- 世界の目は、東日本と北海道へ
- 西日本や九州への誘導ハードル高し、まして宮崎においてをや
- 最低限のソフト、ハードの整備
- 日豊線の快適化
- ＩＣ乗車券
- お土産品の開発　　　　　　　　　　　　　　　　　　　など

⑨東京都及び千代田区との交流
- 東京都は、なんと言っても地方自治体の兄貴分
- 「防災対策」一つとっても、先進自治体
- 職員はほとんど都内から異動しないので、継続的なネットワークが構築可能
- 千代田区にある日比谷公園は平和台公園と姉妹公園
- 軽油引取税で連携した例
- 東京事務所の職員は千代田区の住民
  特別区民税と九段四丁目町会会費を納入
- 宮崎県は、東京都に固定資産税相当の国有財産等所在市町村交付金を納入
- 高齢化、島しょなど共通点もある

⑩黒潮交流圏構想
　・宮崎に恵みをもたらしているのは、太陽と黒潮
　・黒潮は、中部太平洋を源流とし、千葉県沖で南下
　・本県には、両者の恵みにより、温暖な気候のほかに、うなぎ等の食文化、青島などのユニークな郷土文化を生み出している
　・黒潮の恩恵を受ける国内外の地域との連携を構築
　・太平洋島サミットの実績づくりにつながる
⑪博覧会の開催
　・過去２回開催
　・祖国日向産業博覧会（昭和８年）、日向建国博覧会（昭和15年）
　・記紀編さん1300年記念事業の締めくくりとして

8　その他

①外来駐車場の名称を「お客様駐車場」に変更する
　・「外来」という言葉は、県庁と県民を隔てているように思える。
②農業技術者等の確保
　・農業は県土づくりの基本。しかし、農業技術の習得には時間がかかる
　・このまま農業技術者の削減が続けば、将来の県土づくりが懸念される
　・農業はもとより、林業・水産・土木技術者の採用を。
③九州新幹線の効果を取り込むための諸対策
　・東九州新幹線を建設し、九州新幹線との接続を図る
　・日豊線、特に鹿児島～宮崎間の快適化・高速化を図る
　・日豊線（鹿児島～宮崎間）に観光列車を導入する
　・大隅地域と連携したPR
　・フリーゲージトレインの運行
④橘通りを土・日の一定時間帯に歩行者専用道路に

附章　こんなこともできるのではないですか　117

- 東京都内の、銀座、丸の内、新宿、池袋、秋葉原などのメイン通りは、土・日の一定時間帯に歩行者専用とされている
- 橘通を同じような仕組みにすれば、商店街が賑わうきっかけ作りが可能
- 成功すれば、都城市や延岡市にも応用可能

⑤県庁楠並木通りを、昼の時間帯を歩行者専用に
- 12：00〜13：00の時間帯を、歩行者専用として、県民が思い思いに昼時間を過ごせる空間を作る
- 物産展の賑わいづくりに効果が期待
- お茶の水通りに「ランチプロムナード」という例

あとがき

　今から28年前、中小企業庁の勤務を終え帰県した頃、宮崎県の工業出荷額がようやく１兆円という節目を突破した時期ですが、各種のデータ集を見るにつけ、人口類似県である石川県や富山県の工業出荷額は１兆円のはるか向こうにある、冬場は雪で産業活動が大きく制約されるはずなのに、「なぜ？」「その違いはどこに？」「どうしたら追いつくことができるのか？」などの疑問が湧いてきました。
　データ集で各県の数字をなぞりながらため息をつく日々が始まりました。違いは明確に数字で表されます。しかし、これを克服する手立て、道筋がよくわからない、産業連関表を見ても手掛かりがつかめない。以来、このような思いを30年近く引きずってきました。
　時は経過し３年前の平成23年４月に統計部門を担当する立場になり、当時の職員と一緒に産業連関表結果報告書や県民経済計算に記載されている言葉の意味、数字の意味等、基礎から勉強を始めました。そんなある日、正月休みのことでしたが、あれこれ考えているうち「これだ」とふと思いついたのが本書冒頭の図１の相互連関図です。図１はその後少し手を加えたものですが、基本は変わっていません。
　この図解によって、筆者の胸の中にあったモヤモヤ感がスーっと晴れて行きました。
　最終需要のうち生産面への波及効果が最も高い移輸出に強力なテコ入れを行うことで県内産業を活発化させ、さらには農業や農商工連携、加工の連鎖による製造業の高付加価値化などによって県内総生産の増加を図り、県民所得の向上に結び付けていく、そして、雇用者報酬を増やし、賢い消費を進めることでさらなる需要拡大を図っていく、こうした経済の好循環のサイクル（つながり）が、生産波及係数や県内歩留まり率などの数字を媒介することによって見えてきたのです。
　このような背景や経緯のもとに本書はできあがっています。

　本書は、事実上最初の単独執筆となりましたが、上に述べた好循環サイクル

「つながり」を極力意識しながら書きました。つながりも決して一本線ではなく、そこには「継ぎ目」とも言うべき政策判断の岐路があります。その岐路に立った時、方向性を見失わず、より効果的な道を選択していくという常日頃から自覚的に考えていくことが今後ますます求められてくる時代になっています。

　本書は、このような時代において、「つながり」や「継ぎ目」をできるだけ「見える化」することによって、県や市町村といった地方自治体の政策担当職員のみならず、団体職員や企業経営者の皆様、さらには、まちづくり・地域づくりに日夜奮闘されておられる人々にとっての行動指針の参考になればとの思いのもとにできあがっております。

　人は出会いとつながりのなかで生きています。県職員だった筆者にとっては多くの出会いがあり、その出会いを大切にしながら、つながりを意識して仕事をしてきたつもりです。つながりの太さやかたちは様々ですが、出会いとつながりが仕事をしていく上で大きな支えとなったことは言うまでもありません。

　県庁という大組織を離れた今、「出会いとつながり」という言葉のありがたさを日々感じながら、第二の職業生活を充実感を感じながら送っています。

　この第二の職業生活の中にも様々な出会いがあります。本文中でも紹介しましたが、「よろず支援拠点」のモデルとなった静岡県富士市の産業支援センターの小出所長からも多くのことを学ばせていただいております。

　氏の考えや取り組みは、単に企業経営に携わる者ばかりでなく、地域経営や地域活性化に携わる方々にも大いに参考となると思いますので、氏のこれまでの講演やインタビュー記事などから私なりに整理したことをここでご紹介したいと思います。

　氏によりますと、月300件、年間3,000件を超える相談者へのアドバイスとして3つのポイントを上げておられます。

　1つめは、企業の真のセールスポイントを活かすこと。これが、簡単なようで

すが、意外と難しいようです。自社の製品やサービスをみる距離が近かったり、いつも同じ方向だけで見ているとその良さに気付かない、否定せず、ネガティブに考えず、「絶対あるのだ」という信念をもって真のセールスポイントを探し出す、逆に、この強みが見つからないと苦戦をするとも言っておられます。

　２つめが、ターゲットを絞るということ。あらゆる業界で、顧客のニーズは多様化している、したがって、そのすべてに対応することは所詮不可能です。

　３つめは、連携ということ。１社では成果が出なくても、２社、３社とつなげることで成果を生み出せるといっておられます。

　これら３つのアドバイスのキモをもって、お金をかけず、知恵を生み出し、小さなイノベーションを積み重ねていくことが大切であるといっておられます。

　また、これらのアドバイスを行うべき立場にある中小企業支援機関が心掛けるべきこととして、やはり、３つの心構えを説いておられます。

　１つめは、高いビジネスセンスをもつこと。このためには、圧倒的な情報量をもつことが必要で、ちょっとした変化から「なぜだろう」と常に考え続け、自分で調べ、それが「生きた知識」になり、「知恵」を生み出す力になると。

　２つめが、コミュニケーション力を磨くこと。話す力と伝える力はもちろんのこと「引き出す力」も重要である、この「引き出す力」は、相談者の目線に立って、相談者の話に率直に耳を傾けることによって、様々な情報を引き出すことができると。

　３つめが情熱ということ。これについては改めて解説する必要もないと思いますが、「何事をも成し遂げるのだ」という企業経営や地域づくりにかける熱い情熱です。

　以上のような考えで、氏は、次々と成功事例を積み上げておられます。このような考えや取り組みは、企業経営ばかりでなく、地域づくり・まちづくりに奮闘されておられるみなさまにもきっと役に立つのではないでしょうか。

本書は、鉱脈社の川口社長との出会いがあって生まれました。
　筆者は、平成26年3月、県庁を退職するにあたり、2つのことを整理しようと試みました。1つは、35年間の県庁生活を振り返りその時々に直面した課題や思いを書きとどめ、整理することで、後輩の皆様の参考たらしめんとすること。もう1つは、長年、筆者の課題であった本県の経済構造の分析とそれに基づく政策立案の勘どころを示すことです。
　筆者がこの2つの「見える化」を川口社長に相談したところ、後者の執筆を強く勧めていただくとともに、構成や仕上げなど適宜的確なアドバイスをいただきました。本書は、中小企業家同友会の設立に関わられるなど中小企業の振興に熱い情熱をもっておられ、また、そうした日頃のご努力によって宮崎県文化賞（文化功労部門）を受賞された川口社長なくしては誕生しなかったといっても過言ではありません。川口社長をはじめ鉱脈社の皆様、そしてともに勉強した仲間に深く謝意を表する次第です。

　最後に、家族のことを最優先に我が身を尽くしてきてくれた妻、ただひたすらわが子の健康と幸せを願い、身を粉にして生きてきた両親、そして高校時代に親代わりとなって世話をしてくれた妹に感謝し、本書を捧げたいと思います。
　　平成26年11月吉日

【主な参考文献】

「宮崎県産業連関表結果報告書」(宮崎県県民政策部 平成22年3月)
「平成21年度宮崎県県民経済計算書」(宮崎県県民政策部調査統計課 平成24年2月)
「平成22年度宮崎県県民経済計算書」(宮崎県県総合政策部調査統計課 平成25年7月)
「指標で見る宮崎県」(宮崎県 平成24年3月)
「指標で見る宮崎県」(宮崎県 平成26年3月)
『日本には二つの国がある ― 新列島改造論 ―』(大村昌弘 2008年11月 紀伊国屋書店)
『気宇壮大に進化の先頭に立つ ― 脱日本漂流 ―』(大村昌弘 2013年3月 紀伊国屋書店)
『中小企業と地域づくり』(根岸裕孝 2014年2月 鉱脈社)
『産業連関分析のすすめ』(木地孝之)
「我が国地域際収支の研究」(堀越芳昭 2008年2月 社会科学研究第28号)
「地域際収支からみた地域再生に関する一考察」(土居文明 2005年1月 三菱信託銀行)
「やさしい産業連関表の見方と使い方」(青森県 平成22年5月)
「早わかり産業連関表 ― その仕組みと使い方 ―」(熊本県統計調査課編)
「国民経済計算の見方、使い方」(財団法人日本経済教育センター 平成15年3月)
「地域経済循環の推計と効果」(中村良平 平成16年7月22日)
「地域の経済循環把握を」(中村良平 平成16年7月22日 日本経済新聞)
「中小企業の再発見」(中小企業庁編 昭和55年7月 通商産業調査会)
「新しい地場産業の創造」(中小企業庁計画課監修 昭和61年1月 東洋法規出版)
「新事業転換法の解説」(中小企業庁計画課編 昭和61年9月 ぎょうせい)

著者略歴
緒方　哲（おがた　さとし）

昭和28年9月	宮崎県国富町に農家の長男として生まれる
昭和53年3月	京都大学法学部卒業
昭和54年4月	宮崎県臨時職員(昭和54年1月から)を経て宮崎県庁入庁
	青少年婦人課、延岡県税事務所、中小企業庁計画課地域中小企業振興室地場産業振興係長、商工振興課、企画調整課、秘書課秘書(松形知事)、秘書課秘書係長、地方課財政係長、財政課財政主幹、秘書課課長補佐、農政企画課課長補佐
平成17年4月	東京事務所次長
平成19年4月	秘書広報課長（東国原知事）
平成21年4月	農政水産部次長
平成23年4月	県民政策部次長
平成24年4月	監査事務局長
平成26年4月より	(公財)宮崎県産業振興機構副理事長

主な役職（平成26年11月末現在）
全国中小企業取引振興協会評議員
宮崎県立図書館協議会委員
宮崎県中小企業団体中央会ものづくり・商業・サービス革新事業宮崎県地域採択
　審査委員会委員
宮崎市企業開発委員会委員

主な資格等
地方監査会計技能士（CIPFA Japan）(2014年8月)
日本商工会議所簿記検定3級(2013年11月)
実用英語検定準1級(2000年7月)

趣　味
ラジオ体操　　　真向法　　　ウォーキング

外貨を稼ぎ 循環をおこす
111万人の経済浮揚 ここが勘どころ

2014年12月24日 初版印刷
2015年 1月3日 初版発行

著　者	緒方　哲 ©
発行者	川口敦己
発行所	鉱　脈　社
	〒880-8551　宮崎市田代町263番地　電話0985-25-1758
	郵便振替 02070-7-2367
印刷・製本	有限会社 鉱 脈 社

© Satoshi Ogata 2015　　　　　　　（定価はカバーに表示してあります）

印刷・製本には万全の注意をしておりますが、万一落丁・乱丁本がありましたら、お買い上げの
書店もしくは出版社にてお取り替えいたします。(送料は小社負担)